MW01253460

SIEMPRE SE PUEDE

"SI QUIERES PUEDES Y SI PUEDES, DEBES"

Ediciones Urano México, S.A. de C.V.
Ave. Insurgentes Sur 1722- 3er piso. Colonia Florida. México, D.F., 01030. México.
www.edicionesuranomexico.com
infome@edicionesurano.com

ISBN: 978-607-748-073-0

Impreso por: Impresos Vacha, S.A. de C.V.
José María Bustillos 59. Col. Algarín. C.P. 06880, México, D.F.

Impreso en México - Printed in Mexico

SIEMPRE SE PUEDE

"SI QUIERES PUEDES Y SI PUEDES, DEBES"

TONY KAMO

URANO

Argentina – Chile – Colombia – España
Estados Unidos – México – Perú – Uruguay – Venezuela

*A todas las personas que encontré en mi vida,
porque de una forma u otra
me han ayudado a hacer mi camino*

Tony Kamo

NOTA DEL AUTOR

¿Cuántas veces te has dado cuenta, en el transcurso de tu vida, de que algo no te gustaba de ti mismo? Nos encontramos con ese titubeo en muchas ocasiones. En ese momento pasa por nuestra mente que algo tenemos que cambiar. En algunas ocasiones creemos que es nuestro entorno lo transformable, que la culpa de todo lo que nos pasa es de un tercero; pero en muy pocas circunstancias tomamos conciencia de que los únicos responsables de todo lo que nos pasa somos nosotros mismos.

Mi deseo al escribir cada una de estas páginas es acompañarte en el proceso de descubrimiento del poder que tus pensamientos tienen sobre ti y ofrecerte las herramientas necesarias para que puedas gestionar, renovar tu vida de una manera positiva y satisfactoria.

El objetivo principal es adaptar cada una de las palabras a las experiencias y vivencias personales.

Siempre estamos a tiempo para conseguir ese cambio tan buscado. Las pautas, sugerencias, los avisos y las impresiones que se desgranan en este libro pueden aplicarse a cualquier época de la vida, a cualquier situación o problema, sin importar cómo sea la persona.

Esta es una invitación a abrir la mente, relajarse, dejarse llevar por la verdadera fuerza que dirige a los seres humanos: *sus "pensamientos"*.

Por mi parte, me conformo con acompañarte en este proceso y conseguir, por lo menos, que algo se mueva en tu interior para que inicies la travesía hacia la satisfacción personal.

Estas herramientas que te ofrezco te van a facilitar el camino, para que te resulte más agradable el trayecto y así llegar a tus propósitos, mirar atrás con alegría y orgullo, llevándote del pasado solo aquello que te sirva para seguir adelante y alcanzar tus objetivos.

La tarea es ardua, pero la recompensa final merece la pena.

Tengamos en cuenta siempre esta máxima: ***"Si quieres puedes, y si puedes, debes"***.

INTRODUCCIÓN

En el transcurso de nuestra vida vamos acumulando experiencias, presiones, retos, logros, fracasos que nos provocan, en un momento u otro, un estado de desánimo. Al menos, es así como yo lo siento y es esa la lección que he aprendido a través de los años que me han convertido en un ser adulto, quizás consciente de más cosas de las que pensé que jamás podía llegar a saber.

Esa acumulación de experiencias, esos momentos de frustración en que nos preguntamos si vivir merece la pena, me han servido como impulso para escribir este libro y compartir todo lo que, mediante buenas y no tan buenas aventuras, he aprendido. Porque todos, en algún instante de nuestra vida, necesitamos una mano amiga que nos dé su apoyo o que nos ayude a elegir un camino.

Eso es la vida: buenos momentos repletos de felicidad, a los que nos acostumbramos con rapidez, y situaciones de frustración en las que parece que todo pierde sentido.

Son estas últimas los que nos hacen fuertes, nos dan las aptitudes, las que ponen a prueba nuestra capacidad y determinación. Y debemos ser capaces de saberlas utilizar para crecer interiormente como seres humanos.

Solo al llegar al final de ese trayecto y pasar por diferentes etapas sabemos que se puede seguir adelante, que nada es tan malo como parece, que siempre hay una luz al final del recorrido y que, al fin y al cabo, es la oscuridad profunda de la noche la que hace apreciar la explosión de colores y luminosidad del amanecer.

Si algo va mal en tu vida, necesitas un cambio

Son muchas las personas que atraviesan por situaciones difíciles, que se sienten insatisfechas con su vida o con la realidad que les ha tocado vivir. Puede que tú también estés en una situación similar actualmente y te estés preguntando cómo salir de ese estado.

Es nuestro día a día y las circunstancias que nos rodean lo que nos indica que algo no va bien, que algo en nuestro ser no funciona, no produce felicidad o peor aun, nos genera desesperanza. Puede ser que en ese momento estemos reclamando un cambio.

Este será mayor o menor en función de los hechos que nos hayan llevado hasta esa situación de infelicidad.

Mientras vivimos nuestra infancia, somos felices sin ni siquiera proponérnoslo, así lo recordamos la mayor parte de los humanos. A medida que nos vamos haciendo adultos, nos damos cuenta de que debemos ser responsables de nuestras propias decisiones, ha llegado el momento en que se nos permite decidir libremente. Y ahí comenzamos poco a poco a convertirnos en los constructores de nuestro futuro.

Asimilar esta responsabilidad con entereza y ánimo es determinante para alcanzar un estado de satisfacción en la vida que has elegido vivir.

Si en estos instantes el mundo que te rodea te resulta abrumador, el trato con la familia y los amigos se complica cada vez más, quizás te ves agobiado en el trabajo o tu situación económica no parece prometedora y sientes que todo en tu vida está alterado, son señales de que algo no funciona y es el momento adecuado para buscar otro camino.

Es necesario que pares durante unos minutos y te dediques a meditar sobre la situación:
¿Por qué me he permitido llegar a esto?
¿Por qué, sabiendo que no soy feliz, dejo que la situación continúe y empeore?

El diálogo con uno mismo es el conocimiento de las circunstancias para llegar a descubrir la verdad, tu verdad. Cuando rompas todas esas barreras que has creado y respondas con arrebatadora sinceridad a todas tus preocupaciones, serás tú mismo quien se dé cuenta de que el cambio está en tus manos y que siempre ha estado ahí.

¿Qué camino vas a elegir?

En todos estos años de mi vida he aprendido que *cuando una puerta se cierra, otra se abre.*

En ocasiones ha sido el paso del tiempo el que me ha demostrado que aquel suceso que, en su momento, me pareció una derrota o una mala experiencia, era simplemente una oportunidad para poder elegir otro sendero que me brindaba múltiples oportunidades.

Siempre tenemos la oportunidad de decidir qué actitud tomar ante una dificultad, ¿miramos desde la perspectiva de oportunidad, es decir en positivo, o bien optamos por la derrota y la negatividad?

Adoptar una u otra actitud es lo que marcará la diferencia en tu camino.

Un compañero de mis tiempos de universidad siempre me decía que, ante una dificultad del tipo que fuera, paraba un momento, observaba la situación desde afuera y decidía qué camino elegir, con total conciencia de su elección y por lo tanto con total noción de su responsabilidad por la decisión tomada. Si transcurrido un tiempo se daba cuenta que se había equivocado y que había perdido "un tren", buscaba otro al que subirse o bien otra puerta a la que golpear, y cuando yo le preguntaba entre risas "¿qué color tenía la puerta?", él me respondía "el que tú quieras, si no la pinto yo, a mi antojo".

Mike Dooley, en su libro *Mensajes del Universo*, dice: *Cuando creía que tenía todas las respuestas... viene el universo y me cambia las preguntas.*

Tal vez la respuesta no está en las puertas cerradas sino en saber de qué llaves dispones.

En tu mano está elegir el camino. Que no te tiemble el pulso a la hora de decidir, a la hora de cambiar.

Querer es poder

Como seres humanos tenemos la capacidad de ser los creadores de nuestra vida.

Es obvio que, genéticamente, venimos, en cierta medida, condicionados a una personalidad y talento concretos; bien es cierto también que esto no nos puede servir de excusa en el empeño por aprender y de esta forma estar en constante crecimiento.

Estudios e investigaciones nos indican que solo aprovechamos una pequeña parte de nuestra capacidad.

Recuerdo en mi adolescencia, para ser más preciso en el bachillerato, cómo nos ayudaba mi profesor de literatura, D. Jesús Loza. Partía de la base de que teníamos que aprendernos la vida y obra de todos los escritores de todas las épocas y cuando nosotros nos quejábamos, él siempre nos contestaba: *No tienen ni idea de la capacidad que tiene el ser humano para almacenar en su mente.*

Realmente conseguía motivarnos a que aprendiéramos, pues cuando en clase alguien sobresalía con la cantidad de información recordada, él nos decía, si él puede, todos podemos.

Disponemos de la capacidad de pulir cada una de nuestras virtudes, mejorarlas y hacer nuestras otras tantas que en un principio desconocíamos.

Somos diferentes al resto de los seres vivos porque podemos razonar, porque nuestro pensamiento nos permite volar y de esa manera elegir el camino correcto.

Los límites están determinados por nosotros mismos; intentamos convencernos de que no seremos capaces simplemente por ser quien somos. Pero no dudes de que si te lo propones y lo trabajas puedes conseguirlo, no importa la edad que tengas, ni la ciudad en la que vivas, hazlo, busca la forma de proyectarlo.

Para cambiar, lo único que hace falta es querer hacerlo y tener claro cuál es el giro que deseas darle a tú vida.

No decaigas, no dejes que tus fuerzas flaqueen, no te dejes vencer por la pereza: el cambio es posible. Deja que nuevos aires entren en tu vida, ilusiónate con la transformación, aprende de ella y aprovéchala al máximo. No le pongas miedo, el primer paso ya lo has dado simplemente con querer cambiar.

Prepárate para recorrer el camino hacia un "nuevo yo". Deja atrás tu escepticismo y tus impedimentos y permite que estas modestas palabras te ayuden a hacer las paces contigo mismo y con tu entorno.

¡Prepárate, busca y comienza con tu cambio! Y ahora..., ¡abre la puerta!

1
LOS PENSAMIENTOS
Y SUS TRAMPAS

Conocí a dos hermanas gemelas, totalmente iguales en apariencia pero diferentes en todo lo demás. María, así se llamaba una de ellas, sacó muy buenas notas durante toda su carrera de medicina. Eva, la otra, siempre fue trampeando sus estudios, para no traer suspensos en las notas. Con los años María se convirtió en una excelente ginecóloga, madre de tres preciosos niños, dos de ellos también gemelos. Casada con un prestigioso cardiólogo, formó un completo y duradero matrimonio feliz. Vivían en la abundancia y podían hacer todos los viajes que deseaban. En tan solo diez años de unión habían recorrido medio mundo.

Eva, por su parte, se había casado con un conocido músico del que jamás se había sentido enamorada; su matrimonio, que no dejó ninguna descendencia, no duró más de ocho años, el tiempo justo que necesitó su marido para darse cuenta de que no podía seguir al lado de una persona que no le quería.

La diferencia entre una y otra era que simplemente María siempre confió en sus capacidades, luchó hasta conseguir lo que quería, siempre pensando en positivo. Cuando se presentaba un problema en su vida, lo tomaba como un aprendizaje que le proporcionaba talento y experiencia para seguir adelante. Ella no se ponía límites, confiaba y conseguía todo aquello que se proponía.

Eva, en cambio, se pasó la vida jugando a compararse con su hermana, no confiaba en sí misma y creía que todo el mundo giraba a su alrededor, todo lo que le pasaba era responsabilidad de los demás y creía firmemente que su vida era un continuo destino de mala suerte. Las palabras, "no", "no puedo", "no soy capaz", "no sé", eran parte de su vocabulario habitual. Sus propias creencias y pensamientos las llevaron a ser quienes eran.

La voz positiva y la voz negativa

Ese aspecto interior nuestro, que nos acompaña durante toda la vida, nos eleva como personas o nos destruye en cada paso que damos, dependiendo de qué "voz" personal decidamos alimentar, nos determinará en la manera de conducirnos como personas.

Es importante aprender a distinguir esas dos voces. Por desgracia hay muy poca gente que sabe diferenciar, aquellos que lo consiguen toman el camino correcto.

Pero cuando no las conoces ni las distingues, te conviertes en tu propio enemigo. Puede llegar a no gustarte quién eres ni en lo que te has convertido. Si te quedas siempre concentrado en tus cosas negativas, y es eso lo único que ves, creerás que es lo único que existe.

Ten cuidado con esa parte que siempre te ofrece negatividad, que te anula todo lo que piensas o haces, que no te valora, que no te da iniciativa, que no te da empuje, que no te hace sentir importante, seguro, querido o mimado.

Tengo una amiga, Silvia, que trabaja en una oficina. Es una empresa de unas 45 personas, el horario que tienen es intensivo y sobre las 16 h ya está libre. Tiene un niño de 5 años al que cuidan los abuelos cuando ella lo necesita. Gracias al horario de trabajo podía ir a buscar a su hijo a la guardería y pasar la tarde con el pequeño; tenía tiempo para jugar con él, bañarlo y darle la cena. Eso era envidiado por muchas de sus amigas. Pero Silvia no era feliz en su trabajo, le daban demasiadas responsabilidades y se sentía agotada.

Constantemente estaba quejándose de sus tareas. La mayor parte de sus quehaceres no tenían nada que ver con el trabajo para el que había sido contratada.

Esto le provocaba un desánimo muy grande. Algunas mañanas lloraba porque no quería trabajar, se pasaba el día deseando que acabara la jornada para ir a ver a su hijo y refugiarse en su casa.

Aquella situación se estaba volviendo insostenible.

Un día decidió venir a verme a mi consulta, no era habitual ya que era una amiga; pero quería poner solución a su problema que, entendía perfectamente, residía en su interior.

Me dispuse a explicarle cómo disfrutar del tiempo que pasaba en el trabajo sin pensar en los cometidos que tenía sino en todo aquello para lo que se sentía capacitada.

Silvia entendió perfectamente a qué me estaba refiriendo y justo al día siguiente empezó a practicar todo lo que habíamos hablado. En cuanto empezó a dedicar tiempo a realizar aquello que sabía hacer y que era capaz de hacer bien, delegando situaciones que no le correspondían, se sintió mejor.

En pocas semanas se notaba más segura; esto provocó que sonriera, fuera amable y su actitud pasara a ser proactiva.

Sus superiores detectaron el espectacular cambio. Al poco tiempo mi amiga dejó su puesto de oficinista y pasó a realizar otras tareas más afines a ella y a sus capacidades. Este cambio representó un ascenso en su empresa y por lo tanto un ingreso mayor.

Silvia se sentía feliz por su nueva actitud ante las presiones y por su mejoría, tenía claro que todo había cambiado gracias a esa nueva forma de actuar.

Aprendió que si hay algo que no sabes hacer, antes de que te afecte tienes que pedir que se te enseñe o bien debes delegarlo en otra persona.

Ahora te haré un pequeño juego de palabras que te puede servir:

Cuando sé que no sé algo, no hay problema, puedo aprenderlo.

El problema se presenta cuando no sé que no sé algo, porque ahí no puedo hacer nada, dado que no me estoy dando cuenta de que no lo sé.

El conflicto habita dentro de nosotros. El ser humano se convierte en lo que piensa. Por tanto, si quieres cambiar tus circunstancias, cambia primero tu forma de pensar, y el resultado será otro.

Somos lo que pensamos

En muchas ocasiones nos sorprendemos pensando concentrados en algo; nuestra mente parece no salir de ese punto en el que se fija, que le atrae como un imán. Y mientras, no hemos sido conscientes de nada de lo que ha pasado a nuestro alrededor, la fuerza de nuestro pensamiento nos alejó por momentos de nuestra realidad.

Nos convertiremos en aquello que pensamos. Nuestros logros, nuestros proyectos, nuestros negocios, nuestro amor, todo es el resultado de nuestros pensamientos.

Nuestro día a día nos demuestra lo que hemos decidido pensar: si los pensamientos son dulces, nos harán dulces; si son egoístas, nos harán egoístas.

Así como una forma de ser y una actitud honorable son el resultado de constantes pensamientos positivos, un carácter humillante y una actitud despreciable son el resultado de pensamientos mezquinos, ruines.

Buenos pensamientos es sinónimo de buenas personas y buenos sentimientos.

Pero, por ejemplo, una persona resentida, con una actitud negativa, pensará que el mundo está lleno de miedos y odio, pero si elimina o reduce esa forma de pensar, todo su entorno se vuelve más amigable, menos amenazador.

Cuando piensas mal de alguna persona, en tu interior estás experimentando la manifestación de ese juicio.

Y, aunque a primera vista puede parecer que no perjudicas a nadie con ello, te estás perjudicando a ti mismo, pues con el paso del tiempo tus pensamientos generan en ti una actitud similar.

Haz lo que tengas que hacer si no estás conforme con tu realidad, si no te gusta. Aquel que no modifica su forma de actuar hace que esta se instale en su interior y sea parte de él.

Recuerda:

Tu futuro depende de lo que hagas ahora. Hoy eres el resultado de las decisiones que tomaste ayer y de la actitud que tuviste en el pasado. Y todo ello ha sido generado por tus pensamientos.

Por lo tanto, ten en cuenta que:

Tu carácter es la suma de tus pensamientos.
Tu actitud es la suma de tus pensamientos.

Tu vida es la suma de tus pensamientos.
Nos convertimos en aquello que pensamos.

Cuantas más personas comencemos a tomar conciencia, más ampliaremos el camino de la positividad. Cuando decidimos cómo van a ser nuestros pensamientos y somos capaces de mantenerlos de forma constante, estos se hacen más fuertes que los propios genes y que el entorno donde nos desenvolvemos, entonces somos capaces de marcar nuestro propio camino.

Tu vida es como tú quieres que sea

Si ya nos ha quedado claro que al cambiar nuestros pensamientos cambiamos nuestra vida, podemos llegar a deducir que el sentido de la vida es el que nosotros mismos decidamos darle.

Lo que estamos viviendo hoy es lo que hemos decidido vivir, sin importar cuáles sean las circunstancias.

Tú, y nadie más que tú salvo contadas excepciones, eres el responsable de tu vida. Y, aunque tú no eres el autor de tu cara, sí lo eres de los gestos que pones.

Si viajas todos los días en un autobús que no te gusta, tú eres el responsable.

Si comes habitualmente en un restaurante que no te agrada, tú lo has elegido, tú lo has aceptado o permitido y tú decides quedarte ahí.

Si conversas a menudo con alguien que no te cae bien, tú eres el responsable, tú elegiste su compañía o la has aceptado.

Si tienes un trabajo en el que no te sientes realizado, solo tú eres el responsable, tú lo elegiste o lo aceptaste.

Si te enfadas por algo que te ha ocurrido, sin importar de qué índole sea, es porque tú, y solo tú, has elegido enfadarte.

Sé realista. Las cosas son como son, decidimos quedarnos en el papel de la víctima.

No vale decir que la culpa es de la influencia de los demás, del entorno o de la presión a la que estás sometido, de la sociedad.

En definitiva, tú eres el que decide, el que piensa si está de acuerdo y el que piensa si quiere seguir así. Tú eres quien decide construir o destruir tu mundo.

Tú eres el que genera tus pensamientos, por lo tanto, eres quien define tu propia personalidad, tu ser, tu esencia y a la vez quien le da forma a tu entorno, a tu vida, a tu destino.

Eres lo que piensas. No le des más vueltas, siempre llegarás a esa conclusión.

Tus acciones son el producto de tus pensamientos. El camino de tu vida se forma con ellos y de ti depende que elijas los positivos para tener una actitud correcta y beneficiosa.

Aprende a dirigir tus pensamientos

"Entonces, si todo está en mi mente, ¿qué debo hacer para educarla?", te preguntarás.

Cuando aprendemos a conducir un coche, sabemos que el volante es quien marca el rumbo.

Si decidimos ir a la izquierda, simplemente lo giraremos en esa dirección y el coche nos desplazará. El vehículo no sabe si girar a la izquierda es la orden más correcta o estás invadiendo el carril contrario, sencillamente se limita a cumplir órdenes.

La misma función existe en nuestra mente: cada pensamiento es una orden que cumple, sin importar si el hecho de obedecerlo es algo bueno o malo para quien lo dirige.

Todo lo que generes en tu mente será el causante de lo que ocurra en tu vida, ya sea felicidad, éxitos o fracasos.

Es importante aprender a hablar y dominar un lenguaje positivo y pensar en todo lo que nos conviene y necesitamos, siempre en presente y con el absoluto propósito de poseerlo.

Hay que eliminar de nuestro vocabulario las palabras que lo convierten en negativo.

Con esto me refiero a que la mente no distingue las palabras NO; cuando dices: "Ya no quiero volver a tener miedo a la oscuridad", lo que estás alimentando es todo lo contrario, lo más aconsejable es decir: "la luz elimina la oscuridad" o en el caso de: "Ya no quiero volver a estar deprimido, enfermo, etc.", lo adecuado sería: "Cada día estoy más estable y más en armonía".

Con estas frases en negativo estás actualizando en tu mente todo lo que tienes archivado. Lo alimentas cuando lo niegas y, por tanto, seguirás atrayéndolo en vez de producir el cambio.

Si cuando un niño se va a dormir piensa en la oscuridad y le repites, una vez tras otra, que la oscuridad no es mala, que en la oscuridad no hay nada, que no piense en los monstruos, que no existen... en realidad, no estás haciendo otra cosa que recordarle todos aquellos pequeños detalles, aquellas fantasías que le provocan el natural miedo a la oscuridad.

En cambio, si le refuerzas el sentimiento positivo, de tranquilidad, de espacio, de intercambio consigo mismo, o incluso accedes al pequeño truco de colocar una luz débil, consigues una mínima victoria frente al miedo. Y lo prepararás para dar ese salto hacia los pensamientos en positivo. Déjame que te lo ilustre con esta historia:

Elena, una mujer de 35 años, madre soltera, vivía en un pueblito costero del sur. Era enfermera del hospital más cercano a su pueblo, le encantaba su trabajo. Ayudar a los demás era una de las misiones que sabía perfectamente que tenía en esta vida, y además lo realizaba con gran entusiasmo y placer.

Su hijo, Carlos, era fruto del gran amor de su vida, aunque no habían llegado a casarse. Cuando su pequeño tenía 2 años, él se marchó hacia otro país y nunca más volvió a tener noticias suyas.

A pesar de su especial valentía, su hijo había asumido una serie de miedos inexplicables. El niño era receptivo a todo lo que su mamá le explicaba, pero seguía teniendo miedo. Era incapaz de dormir solo; esto le impedía asistir a las fiestas de sus amigos y quedarse a pasar la noche, tampoco era capaz de ir solo al colegio, que estaba a dos calles de la casa.

Sentía terror cuando alguien desconocido se le acercaba a conversar.

Todo esto preocupaba mucho a Elena, no entendía de dónde provenían tantos miedos. Ella sabía que el miedo no existe, que se trata simplemente de una creación de nuestra mente. Le hablaba y Carlos lo entendía, pero aun así seguía sintiendo miedo.

Estaba preocupada, lo llevó a diversos médicos, le hizo probar diversas terapias, algunas desconocidas para ella; habló con otras mamás, para saber si así lograba pensar en algo que pudiera ayudar a su hijo a superar la inseguridad.

Sus amigas también intentaban hablar con el niño, pero nadie daba con el problema, ni con la solución.

A pesar de sus miedos, Carlos crecía totalmente feliz, se había acostumbrado a su mundo en el que se había encerrado.

Sus notas eran muy buenas y aprendió enseguida a leer, sumar, restar, los colores en inglés, y todas aquellas cosas que un niño suele hacer en preescolares. Tenía muchos amigos, aunque no podía compartir casi nada con ellos; le tenían mucho cariño porque él era muy dulce. No jugaba a la pelota como los demás porque tenía miedo de que le dieran un pelotazo.

No corría con sus compañeros porque tenía miedo de caerse al suelo; no comía chucherías porque tenía miedo de sentirse mal o lo que era peor, tenía miedo de que se le picara un diente y tuviera que ir al dentista.

Ante todas estas situaciones Elena se sentía mal, hablaba con el niño para hacerle entender que todo aquello era su creación.

El pequeño la miraba atentamente y entendía lo que ella intentaba explicarle. En muchas ocasiones practicaba lo que la mamá le había dicho porque también se daba cuenta de que todo eso que sentía, y que no sabía por qué le pasaba, era un problema que además, le paralizaba a la hora de poder disfrutar de juegos con sus compañeros.

Empezó a ser una obsesión tanto para la madre como para el niño y todo su entorno.

Hasta que el día de su cumpleaños número 7, se levantó muy animado y le dijo a su madre que había decidido ir solo al colegio, que tenía que intentarlo. Además, le dijo que aquella noche se iría a dormir solo porque tenía que poder cruzar el pasillo y meterse en la cama.

La madre se sintió orgullosa de su pequeño, por todo aquel esfuerzo que estaba haciendo. Todo eso iba a ser un esfuerzo, pero siempre en beneficio de él mismo. Llegó a poder ir al colegio, pero como siempre pasó mucho miedo por el camino y así se lo transmitió a su madre.

Al llegar la noche tenía que cumplir la segunda parte de su promesa. Debía ir solo a dormir. Así que le dio un beso a su mamá y empezó a caminar por el largo pasillo que lo llevaba a su habitación.

Mientras se dirigía hacia su dormitorio, ella le observaba, y de repente percibió que su hijo iba repitiendo algo en voz baja.

–*Carlos, hijo ¿qué repites en voz baja?* –le preguntó desde la otra punta del pasillo.

–*Ah ¡algo que siempre me digo, mamá!* –respondió Carlos.

–*¿Y qué es eso que te dices, mi amor?* –siguió insistiendo ella a medida que se acercaba al pequeño.

–*Pues cuando tengo miedo, me repito continuamente "no tengo miedo", "no tengo miedo", "no tengo miedo", "no tengo miedo", pero, mami, el miedo no se me va, sino que siento que cada vez me entra más e imagino que pasan cosas en mi dormitorio* –contestó con expresión de desesperación.

En ese momento fue cuando Elena se dio cuenta del grave error que había cometido su hijo todo este tiempo. Esas palabras que se repetía una y otra vez no le aportaban ningún beneficio. Entonces le dijo:

–*Carlos, a partir de hoy no vas a decir "no tengo miedo". A esta frase la vas a olvidar y ahora la vamos a cambiar por otra. A partir de ahora vas a decir: "Soy feliz y valiente y disfruto de cada momento de mi vida".*

–De acuerdo, *mami* –contestó–, *a partir de ahora diré eso y no volveré a repetir más que no tengo miedo.*

–*Así es, cariño* –contestó la madre y abrazando al niño lo acompañó hasta su habitación.

En pocas semanas, Carlos había cambiado. Dejó de tener miedo, se sintió seguro y pudo disfrutar de lo que le ofrecía ser un niño de 7 años, como jugar con una pelota o quedarse a dormir en casa de sus amigos.

Se convirtió en algo maravilloso el ir al colegio; iba y volvía a casa solo o con algún otro niño mientras daban patadas a un balón, corrían y reían mientras comían alguna que otra golosina.

Había entendido perfectamente el mensaje que aquel día le dio su madre y cuando fue creciendo siguió utilizando esa técnica, formulaba las frases en positivo. Hoy por hoy, ya con muchos años más, es una persona confiada y segura.

Un "NO" perjudica más de lo que nos aporta a nuestras vidas.

Siempre que quieras atraer algo a tu vida, comprueba que tus pensamientos no se contradigan con tus deseos.

Piensa, por ejemplo, en lo difícil que puede ser para un atleta conseguir una marca si piensa en que no es posible, si en su fuero interno no está completamente seguro de que lo logrará.

Puedes utilizar tú también esa pequeña luz centinela que ayuda al niño a aclimatarse a la oscuridad: proyecta constantemente una imagen mental de aquello que deseas como algo que ya ha ocurrido, como si ya lo tuvieras.

Pero no te rindas si ves que al principio es costoso, o resulta difícil mantener siempre esos pensamientos positivos.

Sabes y tienes claro que en el día hay luz y en la noche, oscuridad. En cambio, así como los buenos pensamientos traen buenas acciones, los malos pensamientos jamás darán buenos resultados.

A partir de ahora, cultiva en tus pensamientos una mentalidad positiva y actuarás, te comportarás de forma positiva. Recibirás **tus frutos de salud, amor y abundancia.**

Si quieres que tu vida cambie, cambia tu forma de pensar. Guía tu pensamiento, dirígelo al propósito que deseas. Ese es tu cometido: impedir que tus pensamientos se distraigan y se desvíen.

Los pensamientos negativos y la salud

Otro aspecto en el que también tienen incidencia los pensamientos es en la salud, en la capacidad de regeneración de nuestro cuerpo.

La mayoría de las personas que ven todo de forma negativa, que se pasan el día quejándose, son aquellas que siempre están enfermas o a quienes les ocurren desgracias con muchísima frecuencia.

Te pondré un ejemplo: en Europa estamos en un momento de crisis económica y social muy importante. Es mucha la gente que se queda sin trabajo, en muchos casos son personas de cierta edad o con cargas familiares muy grandes. Ante una situación así tenemos dos opciones: adoptar el papel de víctima de la sociedad, culpar al mundo de lo que me está pasando, y de esta manera, empeorar cada día un poco más o, en cambio, ver el hecho como una oportunidad para cambiar mi vida laboral, pensar: ¿Qué me gusta? ¿Qué quiero hacer? ¿Qué me gustaría ser? Y salir a buscar ese nuevo objetivo.

¿Cuál de las dos maneras de actuar crees que tiene mayores posibilidades de éxito?

Sin duda la segunda. ¿Por qué ocurre eso?

Porque cuanto más alimentes tus pensamientos negativos, más predisposición tendrás a verlo todo distorsionado, más pesimista.

Te sentirás cercano a la depresión, lo único que te parecerá real serán tus pensamientos negativos y te sentirás solo, destruido, desganado; poco a poco irás perdiendo la habilidad de pensar claramente.

Si analizas tu cuerpo mientras piensas en una situación que te provoca angustia, estrés y ansiedad; observarás que tu respiración se acelera, te pones más tenso, tu boca se reseca y empiezas a sentirte preocupado. Son síntomas propios de algunas dolencias y esto te va a hacer pensar que realmente estás enfermo. Tus pensamientos están alterando tu cuerpo.

Las personas que padecen una enfermedad suelen hablar de ella todo el tiempo, sin darse cuenta de que con eso lo único que consiguen es que se instale esa enfermedad en nosotros, en nuestras emociones. Bastaría con verla como algo a solucionar con un tratamiento concreto y por lo tanto, darle al tratamiento la oportunidad de solucionar la enfermedad.

Un buen antídoto para contrarrestar el desánimo es alimentarte de pensamientos agradables y llenos de armonía. Te darás cuenta porque enseguida tu actitud empieza a cambiar.

Nos encontramos en un momento de la evolución donde a la ciencia le resulta imposible separar cuerpo y mente.

Todo pensamiento desagradable afecta de un modo negativo a nuestro cuerpo. Cuando ya no tenemos ilusión por la vida y necesitamos *tirar la toalla*, los mecanismos de nuestro sistema inmunológico se deprimen y si no corregimos esa actitud, podemos crear un fuerte descontrol en nuestro organismo y a la vez generar graves problemas de salud.

Tu cuerpo obedece las instrucciones que recibe de la mente. Por eso hay que tener tanto cuidado con lo que transmites a tu cabeza, porque los pensamientos enfermizos generan enfermedad, y los pensamientos positivos dan energía y fortaleza.

En el siguiente ejemplo tú serás el protagonista y me dirigiré a ti como "mi invitado":

Era un día cálido, en pleno verano, "mi invitado" se encontraba en un safari por la selva del Amazonas, saboreando unas magníficas vacaciones y por lo que él consideraba, muy bien merecidas. Escuchaba el maravilloso cantar de los pájaros, que proporcionaban a aquel bonito paisaje una paz increíble. Estaba encantado observando todo lo que se movía a su alrededor y contemplaba todas las maravillas que la naturaleza había puesto en aquel lugar.

Desde el punto donde se encontraba, en determinado momento observó cómo algunos cazadores de la zona intentaron atrapar a un zorro, que por su aspecto parecía un cachorro. El animal intentaba esconderse en la arboleda, y a pesar de conseguir escapar le habían apaleado y había resultado bastante malherido. Sus patas traseras estaban rotas.

El pequeño zorro empezó a arrastrarse como pudo con la intención de llegar a unos matorrales que le parecieron un refugio seguro para no ser visto, y una vez allí, se quedó totalmente paralizado.

Ante dicha situación "mi invitado" empezó a reflexionar sobre la crueldad con la que habían actuado sus agresores. Encontró en el zorro a una víctima. No paraba de darle vueltas al tema sintiendo que todo aquello había resultado totalmente injusto.

Desde su óptica "mi invitado" no podía evitar hacerse ciertas preguntas: *¿Cómo consigues recuperarte cuando recibes un golpe tan fuerte y tan duro? ¿De dónde sacas las fuerzas?*, no podía parar de cuestionarse muchas de las acciones, aun así estuvo un rato pensando y dándole vueltas a todo lo acontecido.

Pero el pequeño zorro no sabía que lo que le esperaba era todavía peor, ya que no muy lejos, andaba olfateando un león.

Por suerte, el león encontró al animal, lo miró, dio media vuelta y se marchó. El final trágico que había imaginado, no sucedió.

¿Qué iba a ser del zorro ahora? ¿Cómo se sobrepondría a todo lo sucedido, a sus heridas, a sus patas traseras rotas?

No había pasado ni una hora cuando de pronto aparece el león. "Mi invitado" no daba crédito a lo que estaba viendo, el Rey de la Selva aparece con un trozo de carne en la boca que deja, con mucho cuidado, al lado del pequeño animal.

¡Claro!, pensó "mi invitado", el pequeño zorro estaba indefenso y mi Dios, que es muy generoso, envía ayuda para que este se salve. Ahora entiendo el dicho popular de "aprieta pero no ahoga". Él siempre está ahí, ayudándonos en nuestras lecciones.

Estoy cansado, he perdido el rumbo, no sé lo que quiero en mi vida, pero... he pensado que lo mejor será hacer como el zorro, me quedaré aquí sentado esperando, que seguro que mi Dios me enviará la ayuda que necesito. Me orientará y me dará energía y fuerza.

"Mi invitado" se quedó a la espera de que su Dios salvador le enviara algo o alguien en forma de ángel.

Después de cuatro días aún no había recibido ninguna respuesta, y se empezaba a sentir débil, ya no tenía comida ni nada que beber.

Al sexto día, cerca del atardecer, con pocas fuerzas y con gran desaliento gritó, *¡no entiendo por qué no me socorres, si he visto como Tú enviaste al león a socorrer al zorro!*

A los pocos minutos nuevamente "mi invitado" vuelve a gritar: *¡No entiendo por qué no me socorres, si he visto como Tú enviaste al león a socorrer al zorro!*

Pero casi sin haber acabado la frase, escucha una voz que le dice:

Mi querido invitado, no te confundas de papel, el tuyo no es el del zorro, tú eres el león, así que levántate y emprende tu misión.

Te convertirás en lo que creas que eres.

Cuídate, contrólate, pon conciencia en tus pensamientos. Y date cuenta de que todos aquellos que sean positivos te nutren positivamente. Cuida tu mente y lo notarás en tu cuerpo.

Háblate de forma diferente

No somos totalmente conscientes del poder que ejercen las palabras en nuestra vida. Si utilizas palabras positivas, llenas de amor, seguridad y poder, eso es lo que obtendrás, al igual que si son negativas, eso es lo que te encontrarás.

Hay mucha gente que vive amargada sin entender por qué le suceden las cosas y pasa la mayor parte de sus días lamentándose –recuerda el ejemplo de María y Eva–:

"¿Por qué a mí?". "Jamás saldré de esta situación". "No tengo fuerza de voluntad". "Nadie me entiende". "Todos están en mi contra".

Es evidente que a través de estas frases entras en un mundo de victimismo y vas a conseguir que tu alrededor parezca estar en tu contra, o no te entienda, o no seas capaz de salir adelante. No podemos estar pensando constantemente en problemas, conflictos y penas.

A veces, nos es muy complicado no sentir tristeza ante algo que ha salido mal, una pérdida irreparable. No te reprimas, dale salida a tus sentimientos. Pero aunque te sientas triste, no tienes por qué estar hablando con todo el mundo de tu tristeza, de tus problemas, diciendo siempre: "Estoy solo". "No tengo a nadie". "Ya no tengo ganas de vivir".

Es bueno sentir apoyo y que algunas personas te escuchen, pero no es necesario contárselo a todo el mundo.

Si estás en esa línea, te estás preparando para un fracaso seguro del que no podrás salir.

Dale la vuelta a toda esa situación, no pienses en lo que tienes y no deseas, piensa mejor en lo que deseas, en lo bueno que quieres para ti.

Habla contigo mismo con cariño y apoyo, ten fe y esperanza en ti. Actúa con decisión y verás cómo esas cosas negativas empiezan a desaparecer de tu vida.

Piensa lo que le dirías a un amigo que se encuentra en una situación de continuos pensamientos negativos. Seguro que hallarías la forma de animarlo a cambiar esa forma de pensar que lo ha llevado a esas emociones.

Todo está en tu mente

Un día José se sentía bastante preocupado por su negocio. Le había llegado el encargo de llevar una mercancía perecedera a 1.400 kilómetros de distancia, para un cliente que seguramente le ofrecería más transportes si lograba cumplir en tiempo y forma. Casualmente, en esos días, se le había roto el motor de su vehículo.

Los beneficios de ese negocio no eran solo para el presente, sino que le darían una estabilidad para él y su familia en el futuro. Además, estaba el gasto de la reparación del coche, su modo de sustento.

La venta de esa mercancía le aseguraba los beneficios para el resto del año y, la verdad, no se encontraba en un momento económico bueno como para permitirse el lujo de perder esa oportunidad.

Pensando en cómo solucionar y no perder el traslado, se le ocurrió que su amigo René le podía prestar uno de sus dos autos. Esa idea le dio bastante tranquilidad, hasta que apareció otro pensamiento: "¿Me dejará el coche?".

"Sí, seguro que sí", se respondió José. "¡Si fui yo quien le ayudó a comprar su casa, y a pagar la hipoteca en el banco!".

Pero no lo llamó en el momento. Pasadas unas horas, le asaltó otra duda: "Imagínate que dijera que no. ¿Pero por qué habría de negarse? ¡Si el trabajo que tiene lo consiguió gracias a mí! Yo lo presenté, lo aconsejé; yo pedí el favor para que lo contrataran. ¡No creo que me diga que no!", se repetía.

Nuevamente se puso a contar la mercancía, pero le fue imposible concentrarse, porque las dudas y los pensamientos seguían apareciendo en su mente: "Las personas cambian… ¿y si me dijera que no puede ser?", y al instante se dijo: "¡No es posible! Si yo le pagué los estudios a su hijo. ¿Y va a ser tan miserable que no me va a dejar el coche?".

Pero la duda seguía corroyéndole: "Sí, pero, imagínate que no te lo deja".

Decidió ir a casa de René, sin importarle lo tarde que fuera, murmurando entre sí la inaceptable situación. Cuando llegó, llamó al timbre insistentemente durante varios minutos; la espera lo exaltó aun más. Finalmente René salió al balcón medio dormido y le contestó:

–*¡José!* –exclamó– *¿qué ocurre?*

Pero José, que ya se había creado toda la historia en su cabeza, solo pudo decirle muy enojado:

–*Te voy a decir lo que me ocurre: si piensas que te voy a pedir el coche, estás muy equivocado. ¡No pienso humillarme más! Así que quédate con tu coche, tu casa, tu hijo… Pero tranquilo, que arrieros somos, andando vamos y en el camino nos encontramos.* Se dio media vuelta y se marchó.

Esta historia, aunque puede parecer una exageración, es algo que nos puede llegar a ocurrir si nos dedicamos a "crear y suponer" una situación en nuestra mente.

Lo más sencillo y correcto hubiera sido preguntarle directamente a René si podía prestarle el coche en vez de hacer suposiciones. De esa manera se hubiera evitado el disgusto y posiblemente su amigo le hubiese prestado el coche, o buscarían una posible solución, pero lo que está clarísimo es que lo que imagines y creas no siempre tiene que ver con la realidad.

Si te cuesta cambiar tu forma de pensar...

Imagino que debes estar pensando que es más fácil decir que hay que cambiar los pensamientos negativos, que cambiarlos realmente.

Si por ejemplo siempre has sido una persona pesimista y con bastante mal carácter y empiezas a obligarte a tener pensamientos positivos, lo más seguro es que, a pesar de todos tus intentos, caigas en algún momento en alguno negativo que sea, a la vez, el detonante de otros.

Si de pronto intentas librarte de todas esas ideas negativas te generarás cierta ansiedad, cierto agobio. Cuanto más lo intentes, más dificultades vas a encontrar.

No olvides que puede parecerte que el cambio en ti está muy lejos, pero si sigues alimentando a tu "yo" de tus antiguas formas de ser, cada vez lo alejarás más de la posibilidad del cambio y por lo tanto del éxito.

Aleja esa ansiedad ampliando la visión del tema.

No te limites a ver solo el problema puntual sino que sitúalo en el conjunto global de tu vida. No veas un problema en el trabajo sino las ilusiones que se generaron cuando empezaste en él, o no te límites a las dificultades del día a día sino en la seguridad de éxito cuando llegues al final de la jornada. Date cuenta de que por mucho que te enfades, los problemas no se solucionarán.

La forma correcta es situarlo en otro contexto más amplio. Tu perspectiva cambiará y esa energía que consumías en enfadarte, o en frustrarte, la puedes dedicar a tu familia, a tus amigos, a tu persona.

Recuerda:

Asegúrate de que deseas el cambio.

Los pensamientos negativos tienden a empeorar tu estado de salud, mientras que los positivos son beneficiosos para ti. Controla tus pensamientos y tu cuerpo obtendrá beneficios.

La diferencia entre lo que eres hoy y lo que serás dentro de diez años dependerá de muchos factores, pero te voy a enumerar los tres más importantes:

1. De las personas que te rodees, con las que te relaciones.
2. De lo que leas.
3. Pero sobre todo, de tu forma de pensar.

Cambia tus pensamientos y cambiarás tu vida.

2
TODO ES CUESTIÓN
DE ACTITUD

Según sea tu actitud, así verás la vida. En la mayoría de las circunstancias, tienes la opción de elegir cuál será esa actitud.

En el transcurso de mi vida y gracias a mi trabajo he ido conociendo a muchas personas; de cada una de ellas traté de captar el aprendizaje que nos da cada ser humano.

En cierta ocasión conocí a una persona a quien, en plena juventud, le detectaron una enfermedad que puso fecha de caducidad a su vida. Desgraciadamente esa fecha era menos de dos años y la enfermedad era degenerativa. Su primera reacción fue enfadarse consigo mismo, cuando vino a consultarme, todo eran reproches:

–*¿Por qué yo? ¿Por qué a mí? ¿Qué he hecho mal?*

Cuando intentaba que viera su vida desde otro punto, me decía: *Tú no tienes ni idea de lo que me pasa ni de cómo es mi vida.*

Poco a poco, y gracias al trabajo que realizábamos juntos, fue tomando conciencia de que tenía dos opciones de cómo terminar sus días:

1. Una, dejarse llevar y "arrinconarse".
2. Otra, levantar la cabeza y disfrutar del tiempo que le quedaba.

El trabajo para cambiar esa actitud hacia una mirada positiva duró un tiempo. El resultado fue que sus pensamientos pasaron a ser otros y cada mañana era como un regalo y una oportunidad de un día más donde, a lo mejor, alguien daba con un remedio para, por lo menos, frenar su enfermedad. Para mí, la historia de Luis fue un ejemplo claro de optimismo.

Donde más pura vemos la fuerza del optimismo es en la niñez. Son muchos los niños que desde una edad muy temprana nos hacen reflexionar, como es el caso de Gabriel

En un pueblito de Galicia, cercano al mar, vivía un niño nacido en una familia muy pobre. El pequeño era muy querido y esperado por sus padres, y aunque no sabían cómo iban a mantenerlo, lo querían mucho. Decidieron llamarle como el padre, Gabriel.

Al poco tiempo de haber nacido, su padre fallece en un accidente laboral. Era obrero de la construcción y desde un andamio a una altura considerable, resbaló y cayó a tierra, con tan mala suerte que se dio un golpe en la cabeza que le provocó la muerte al instante, dejando así a una viuda que se había dedicado siempre a sus labores como madre.

A partir de ese momento María, la madre de Gabriel, comenzó a trabajar en una fábrica durante diez horas al día, por un salario mínimo. Eran tan pobres que lo que ganaba no les alcanzaba para comer y pagar el alquiler de la habitación donde vivían.

El niño todos los días iba a casa de su tío que, a pesar de no tener tampoco mucho dinero, por lo menos, gracias a una pequeña pensión, podía permitirse ayudar en la alimentación de su sobrino.

Una mañana, cuando Gabriel tenía 10 años, de camino a la casa de su tío vio algo en el suelo que le llamó la atención. Antes de agarrarlo observó a ambos lados de la calle, no había nadie y se agachó para reconfirmar lo que imaginaba.

Al darse cuenta de qué era, lo guardó fuertemente en su mano derecha y cerró el puño como si fuera a pelear en una cancha de boxeo. A pocos metros de su destino se cruza con un grupo de adolescentes algo mayores que él. Tratan de molestarlo, hasta el punto de que deciden divertirse a su costa y empiezan a zarandearlo de un lado a otro.

Gabriel opta por no inmutarse y no provocar, sabiendo perfectamente el efecto que podía producir en aquellos muchachos si los enfrentaba, y además era consciente de que su fuerza era muy limitada.

Los muchachos consiguen romperle un poco más los zapatos, lo revuelcan por el suelo y se ríen de él.

Cuando ven que se acercan los vecinos de la zona para socorrer al más pequeño, se van corriendo. Gabriel, con su puño cerrado, sigue camino hacia la casa de su familiar.

A 200 metros de ese altercado y mucho más cerca de casa, tropieza con una pelea de perros callejeros, con tan mala suerte que uno de ellos, cegado por su furia, le muerde en la pierna hasta el punto de hacerle sangrar

Un hombre, que había seguido al niño después de que lo revolcaran por el suelo para comprobar que estuviera bien, corre a ayudarle en cuanto percibe que el perro le está mordiendo en la pierna.

Se acerca a la zona, espanta a los perros y lo ayuda a levantarse, se ofrece a llevarlo en su coche al hospital para que le vean la herida, que parece bastante profunda.

El pequeño prefiere primero avisar al tío y una vez avisado, ir al centro de salud para que le curen. Mientras el vecino va conduciendo observa por el retrovisor que está sonriendo.

Asombrado por lo que estaba viendo, le pregunta,

–*Hijo, te han golpeado, te han revolcado por el suelo, te ha mordido un perro, estás sangrando y no paras de sonreír, ¿por qué sonríes?*

–*Hoy es uno de los días más felices de mi vida* –contesta.

–*¿Con todo lo que te ha pasado?* –replica el conductor.

–*Señor, antes de que me golpearan y me mordiera el perro, me había encontrado un billete de 100 euros. ¿Sabe usted todo lo que puedo conseguir con ese dinero?, pues por fin mi mamá podrá comer muchos días.*

En ese momento, Luis, que así se llamaba el conductor, sintió un escalofrío que le subió por la espalda. Aquello que había visto y vivido desde la distancia había sido una lección impagable.

A pesar de las adversidades que tuvo el niño, este no se fijó en ellas, solo se afianzó en lo positivo.

¿Cuántos de nosotros nos pasamos quejando y fijándonos en lo negativo?

Fija tus pensamientos, emociones, establece una conducta en lo positivo y adivina como será tu camino...

¿Y cómo se consigue esa actitud positiva? Practicando el ejercicio de observar el hecho ocurrido desde diferentes puntos.

Si tenemos en cuenta, tal como se indicaba en el capítulo anterior, que tu vida es el resultado de todo lo que has pensado y por lo tanto somos conscientes de la importancia de los pensamientos, el ejercicio que nos queda sería centrarnos en cosas buenas, que nos hacen sentir bien, y al mismo tiempo, atraerlas a nuestra vida.

Cuando tu actitud es positiva, cualquier cosa parece posible, ya sea en los negocios, en el ambiente familiar, en el plano amoroso o en cualquier otro plano.

La Ley de la Atracción

Muchas personas se lamentan y no entienden por qué no logran obtener aquello que tanto desean, en cambio, atraen aquello que hoy las refleja como son y se ven.

Sucede que no es suficiente con desear algo, hay que generar esos pensamientos, en positivo, para atraer lo que deseamos a nuestra vida.

Además de atraer aquello que no queremos, también atraemos aquello que tememos, que nos genera inseguridad y que es el producto de nuestros pensamientos. Esa actitud se origina constantemente en la mente, es el resultado de lo que pensamos.

No te pares a pensar de quién es la culpa de lo que te pasa, responsabilízate por tus pensamientos y observa que atraes lo que eres.

Cuando no te centras en lo que deseas y aflora aquello que "temes", entonces es hora de cambiar tus pensamientos, ya que estos no te están dejando conseguir lo que deseas.

Lo que hables, lo que pienses, eso mismo atraerás, pues no hay otra cosa en tu mente y en tus acciones. Tengo una conocida que se pasó años temiendo que le detectaran un tumor en el pecho..., finalmente se lo detectaron, tal como ella había pensado muchos años. Por suerte se pudo solucionar a tiempo, pero aprendió que aquel temor solo había hecho atraer la enfermedad hacia ella.

Mientras más hables de lo mal que te va, de tu mala suerte, de tu mala salud, más va a ser así. Sucede lo mismo cuando escuchas una canción: mientras más la escuchas, más te la sabes y más veces la tarareas, pues ya está en tu mente. Así que aprende a tararear cosas positivas. Si estás en una conversación negativa, varíala, llévala a un tema más positivo observándola desde otra perspectiva.

A nadie le gusta vivir con personas que constantemente están quejándose y lamentándose de todo. No creas que por lamentarte van a quererte más o vas a ser más feliz; lo que conseguirás es atraer más desdicha y penas. La gente quiere estar con personas que desprendan positividad.

Ya estás en constante cambio

Hay algo fundamental que debes tener en cuenta para lograr el camino adecuado para tu vida, y es asumir que, ya de por sí, todos estamos en constante cambio. Igual que cuando te bañas en el río no puedes hacerlo dos veces en la misma agua, tampoco contemplarás dos veces a la misma persona en las mismas condiciones y circunstancias.

Cuando éramos más jóvenes nos gustaba ir a las discotecas, vestirnos con ropa extravagante o escuchar la música a un volumen muy alto.

Es necesario saber distinguir entre una etapa y otra, y saber que fue una época que ya se fue, pero que no tenemos por qué sufrir esa pérdida. Porque la vida está llena de etapas, de pérdidas y de cambios, y si no aceptamos eso, los cambios nos alcanzarán.

A lo largo de nuestra vida vamos pasando por diferentes transiciones, por ejemplo, un trabajo nuevo requiere un "empezar" y un aprendizaje. Un divorcio también requiere de un aprendizaje, de adaptación, al igual que un cambio de ciudad, donde nos encontraríamos con espacios nuevos, vecinos nuevos, olores y colores diferentes, todo ello son cosas positivas.

Cuando nos compramos un coche nuevo debemos acostumbrarnos a los cambios, a la nueva posición en la manera de conducirlo y, además, sentimos que durante un tiempo somos más lentos. Incluso en el concesionario nos han dicho que debemos hacer los primeros miles de kilómetros con algo de suavidad.

De igual manera que con el coche, debemos considerar esas transiciones y adecuarlas a nuestro ritmo, hacerlas nuestras, sentirnos cómodos con el nuevo papel que nos está tocando jugar sin ser tajantes en el cambio. Las transiciones no tienen por qué ser el final de nada; al contrario, son el principio de algo nuevo, nos marcan un proceso de evolución más claro y preciso del que teníamos antes.

Cambia tu actitud: piensa en positivo

Si te encuentras triste, abatido y con ganas de llorar, es posible que, además, creas que todo tu mundo carece de sentido.

Imagina por un momento que recibes la noticia de que te ha tocado la lotería. En ese momento cambias tu actitud y llamas a la familia y amigos para comunicarles la gran noticia. Empiezas a hacer planes y haces una lista de todo lo que vas a hacer de inmediato.

La alegría es inmensa y tus acciones son rápidas, pues quieres aprovechar el tiempo al máximo. Todo el dolor y la tristeza que sentías, se ha desvanecido en un instante.

Este ejercicio simplemente te demuestra que, ante la peor de las situaciones, siempre el cambio es posible; si el influjo o el impulso o la ayuda vienen de fuera, resulta tremendamente fácil. Pero tú eres capaz también de generarlo con tus propios pensamientos.

Bien, ahora quiero que vuelvas al momento en que tu mundo era gris, y te repitas mentalmente con todas tus fuerzas: "¡¡Gracias, gracias, gracias!! Porque cada día es un regalo, puedo querer, puedo sentir, puedo reír, hablar, abrazar, y estoy vivo".

Mientras estás diciéndote estas palabras, hay personas en otros lugares a quienes se les está agotando la vida y darían lo que fuera por tener la oportunidad de alargarla un poco más. Recuerda, siempre puedes encontrar a alguien que esté peor que tú y también mejor, tú decides hacia dónde ir.

Todo sucede por alguna razón
Cuando sabes por qué, llevas ventaja

Piensa que lo que te ocurre no son más que experiencias para aprender a vivir mejor, en armonía. Los esfuerzos, conflictos, decepciones, desencuentros, es lo que necesitas para avanzar.

Lee atentamente lo que te voy a contar, seguro que alguna vez te ha ocurrido algo parecido:

Un día, cualquiera, no pensabas salir, pero por lo que sea finalmente cambiaste de opinión, y de casualidad conoces a una persona que, con el tiempo, se convierte en alguien importante y valioso para ti.

Un día cualquiera compraste algo que creíste que no era necesario, pero en ese instante sentiste que lo querías, y días o semanas después te sirvió, como si estuviese destinado para ese momento.

Un día cualquiera sucedió algo que te retrasó. Llegaste tarde a tu reunión, te enfadaste mucho, pero gracias a esa demora viste, conociste o hiciste algo importante en tu vida.

¡Pásate al lado positivo! Verlo todo desde esa óptica te hará vivir las cosas de forma diferente.

Tu actitud es lo que marca la diferencia.

Hace mucho tiempo que aprendí que todo evento o situación que pasa en nuestra vida es neutro, nosotros tenemos la opción de elegir la emoción que ponemos. Tu actitud te ayudará a salir de esa situación o permanecer en ella.

Si caes enfermo por un resfriado y debes quedarte en casa, tal vez puedas aprovechar para leer aquel libro que llevas tiempo postergando, esto sería otra forma de observar un inconveniente.

Los ejemplos que te he puesto son muy simples, pero ocurre exactamente igual con todas las dificultades y problemas que te surjan en la vida. No importa cómo de dura o terrible sea la situación por la que estés pasando. Siempre hay algo bueno que puedes extraer de ello; con el tiempo lo descubrirás.

Piensa que las experiencias que vives, independientemente de sus características, te llevan a algún tipo de aprendizaje. Seguramente te encuentres en situaciones donde, en un inicio, no encuentres lo positivo que aprender, pero a medida que va pasando el tiempo, con la distancia, nos damos cuenta de que van cobrando sentido.

Recuerda:

No importa cómo te encuentres en el momento actual, tienes la libertad para elegir cómo quieres vivir esa experiencia y aplicarle una emoción, que a su vez generará una actitud que te llevará a un camino y solo tú serás responsable de las circunstancias.

Aun en una situación terrible, tienes la libertad y la capacidad de elegir tu camino. Es más: si tienes una buena razón para vivir, serás capaz de soportar lo que te venga. Porque, cuando verdaderamente tienes algo por lo que luchar, eres capaz de aguantar muchísimas dificultades.

Al cambiar tu actitud, cambiarás tu perspectiva y harás que todo sea provechoso, que todo forme parte del camino hacia el cambio, hacia tu felicidad.

Es posible que mucha gente, ante una situación desagradable, piense: "¿cómo se puede pensar positivamente?". Pues la respuesta es "¡SÍ!". Se puede ser feliz hasta en los momentos más difíciles; todo depende de tu actitud y del punto de vista que le des a las adversidades. Tú eres el único que elige y decide cuál será tu actitud.

No te enfades tanto, es una pérdida de tiempo

Ocurren situaciones que, por supuesto, no puedes impedir que sucedan pero sí puedes elegir la manera de afrontarlas.

No te enfades tanto con lo que te sucede. Si sabes que hay cosas que no puedes cambiar (cosas tan sencillas como la multitud a la hora de la comida, la cola en los bancos, los supermercados o las tiendas, el tráfico, etc.), entonces, ¡tranquilo!, ¡no te alteres! Es lo que hay, todo es pasajero, las cosas no duran por siempre.

Puedes elegir dos caminos:

1. Hacer algo para solucionar este obstáculo, o
2. Hacer algo para cambiar tu camino y tu rumbo, no lo olvides.

Hay cosas por las que te preocupas hoy pero que, en un futuro, no tendrán la menor importancia. Muchas veces les digo a mis pacientes que hablen con "su yo de 80 años", seguramente este "yo" valora y siente las cosas de forma muy diferente.

No se preocuparía porque alguien le quitó un lugar en el estacionamiento o por una mancha en el vestido nuevo o por el atasco que le hizo llegar tarde.

Muchas de esas cosas que te han sucedido, o que te molestaron, que te hicieron enfurecer, no las recordarás en un futuro, al igual que hoy no recuerdas muchísimas de las que te ocurrieron hace cuatro o cinco años.

Así que relájate, no merece la pena estar tanto tiempo enojado.

Si haces la cuenta, es bastante fácil: un pequeño enojo de diez minutos al día, equivale en un año a estar enfadado toda una semana, durante ocho horas al día. Eso son muchos días y muchas horas alterando nuestra mente y nuestro cuerpo.

Y los ejemplos son inacabables: si perdemos las llaves, la cartera, el tabaco, una dirección, o el móvil, etc., y tardamos en encontrarlo solo diez minutos al día, equivale a otra semana buscando cosas perdidas durante ocho horas al día.

Si nos proponemos pedir perdón por algo que no queríamos decir, o rectificar comentarios expresados en un momento de gran tensión, evadir situaciones, y tardamos en buscar una solución solo diez minutos al día, equivale también a otra semana más, ocho horas al día.

Y si seguimos señalando más cosas, más tiempo perdido.

¿Cuánto tiempo estás dispuesto a seguir perdiendo?

¿Con cuántos de los ejemplos anteriores te sientes identificado?

Reflexiona por un momento cuántos días has perdido, has dejado de disfrutar, has malgastado, no simplemente a lo largo de un año, sino a lo largo de tu vida.

Haz un alto aquí y piénsalo…

Recuerda que lo perdido, perdido está, y por mucho que hagas, no lo vas a recuperar. Tampoco malgastes el tiempo ahora en juzgarte por lo que has hecho y el tiempo que has perdido…, estarías sumando más minutos perdidos a tu vida. Ese tiempo malgastado no se recupera: podrás disfrutar mucho algunos días, pero eso no quiere decir que estés recuperando los que perdiste.

Es mejor evitarlo y saber disfrutar de la vida, de lo que te gusta, de tus *hobbies*, de tus amigos, de tus reuniones, de tu familia, de tus hijos, de todo tu entorno.

Siéntete agradecido con lo que tienes y lo que eres, pues nada dura una eternidad, deja de quejarte por todo... Aprende a sacar el lado bueno de las cosas. Si todo lo tildas de negativo, será imposible esperar que tu vida sea feliz.

¡Deja de lamentarte!

Si de verdad quieres algo distinto en tu vida, ¡deja de lamentarte!

No te repitas: "¡Qué mala suerte tengo! ¿Por qué siempre me sucede a mí?".

Di: "¡Qué bueno que tengo fuerzas para superar lo que me ocurre y para evitar que me vuelva a pasar!".

Deja de comparar tu cuerpo, tu forma de ser o tus cualidades. Deja de lamentarte de que no saldrás de tus deudas, de tus vicios o de tus problemas.

¡Levántate, haz algo, no te quedes quieto sin hacer nada! No por quedarte esperando a que las cosas se solucionen solas, pasará.

Adáptate a la situación. Esperar que los demás se adapten mientras tú no haces nada es una torpeza y una pérdida de tiempo.

La siguiente historia habla de actitud:

Ricardo, hacía cuatro años que trabajaba en una empresa del sector alimenticio. Era una persona muy seria, dedicada y trabajadora, le gustaba realizar sus tareas a tiempo y con toda la eficiencia posible dentro de sus capacidades. Cumplía a rajatabla todo aquello que su jefe le pedía. Llegaba puntual. Pasado ese tiempo pensó que era el momento de hablar con su jefe, ya que se sentía muy molesto porque otro compañero, que había entrado después que él, ya había ascendido.

Ricardo había realizado todo tipo de conjeturas con este hecho, desde que esta persona era amigo del jefe hasta que lo había recomendado algún cliente y tenían que tratarlo bien. Pidió a la secretaria de su inmediato superior que le apuntara día y hora en su agenda para que le pudiera atender. En dos días ella consiguió esa reunión.

–*Buenos días Señor Vázquez, he venido a ha-blar con usted porque tengo una inquietud* –co-menzó diciendo–, *trabajo en la empresa hace cuatro años, pongo en lo que realizo bastante empeño, ninguno de ustedes me ha tenido que llamar nunca la atención. Yo por mi parte estoy muy a gusto con mi puesto, me encanta lo que hago y me considero totalmente capacitado para realizarlo.* –continuó Ricardo–, *pero últimamen-te siento que he sido dejado de lado. Hace poco tiempo entró otra persona en la empresa con el mismo puesto que yo y ahora ya es supervisor.*

Visto que el Sr. Vázquez se quedaba quieto y no decía nada, decidió poner nombre y fecha a lo que le estaba molestando: *Mire* –continuó– , *Fernando Galván ingresó en esta empresa hace solo diez meses y su puesto era el mismo que el mío y ahora ha sido promocionado a supervisor, yo creo que merezco el mismo trato, señor* –con-cluyó Ricardo.

–*Ah, de acuerdo* –contestó el gerente. Y sin apartar la mirada le dijo: *vamos a resolverlo, pero antes quisiera pedirte que me ayudes con un tema. Tenemos un problema hoy en todos los supermercados: habíamos preparado una cam-*

paña donde ofrecíamos una fruta fresca tropical a cada una de las personas que compraban en nuestros centros con el fin de promocionar un nuevo departamento. Pero el proveedor nos ha fallado y ahora tenemos que ingeniar una solución. ¿Puedes, por favor, averiguar si en el mercado de la esquina tienen frutas frescas tropicales –dijo el jefe.

Ricardo, que pensó que aquello era muy sencillo, salió inmediatamente a cumplir con su encargo, aunque en su cabeza estaba su problema, su necesidad, su ascenso. En poco menos de diez minutos, estaba de regreso.

–Bien, cuéntame qué averiguaste –dijo el señor Vázquez.

–Señor, están vendiendo kiwis –contestó, satisfecho Ricardo.

–¿Y cuánto vale el kilo? –replicó el jefe.

–¡Ah! No pregunté, contesta.

–Bien, ya lo averiguaremos y negociaremos precio. ¿Viste si tendrán suficientes piezas para dejar en cada centro?

–Tampoco pregunté eso, señor –contestó ya cabizbajo.

–Y si se le acaba el kiwi, ¿sabes qué fruta lo va a sustituir?

–*No lo sé, señor.*

–*Bueno* –dijo el jefe interrumpiendo a su empleado– *siéntate un momento y ahora observa lo que vamos a hacer.*

El gerente se puso de pie, salió del despacho y le pidió a su secretaria que le comunicara por teléfono con Fernando.

Nada más regresar a su silla recibió la llamada y este le da las mismas instrucciones que a Ricardo.

Cinco minutos más tarde recibe una llamada de Fernando y el gerente pone el teléfono en manos libres para que Ricardo pueda oír la conversación. El gerente le preguntó:

–*Cuéntame, Fernando.*

–Señor, tienen kiwis, la cantidad suficiente para dejar dos cajas en cada uno de nuestros centros, también tienen, si lo prefiere, granadillas, aguacate y mangos. El kiwi está a 70 pesos el kilo; la granadilla a 180 pesos; el mango a 60 pesos el kilo; el aguacate, 180 pesos el kilo. He hablado con el propietario y hemos negociado un descuento del 20% por tratarse de grandes cantidades. Me encuentro con el gerente general y está a la espera de su decisión, señor Vázquez.

–*Fernando, dame un segundo, termino con una visita* –dijo el Sr. Vázquez, y dirigiéndose a Ricardo que aún seguía allí:

–*Ricardo, ¿qué venías a pedirme?*

–*Nada, señor…, perdón por las molestias, perdón.*

Y Ricardo se retiró del despacho del gerente.

Este es un claro ejemplo de cómo tú eres el que tiene que cambiar, tú eres el que tiene que cuidarse, crecer y superarse día a día.

No puedes esperar que las cosas se solucionen desde tu entorno. Tus soluciones no se encuentran fuera de ti, sino en tu mente y en el uso que hagas de la misma.

Si te roban el coche y te dan una paliza... ¡Felicitaciones!

Son las tres de la madrugada y en la calle todo es silencio. Tú te encuentras tranquilamente durmiendo en tu cama, a salvo, en tu casa. De repente se oyen ruidos en la calle. Primero, piensas que eres un paranoico, que tal vez deberías seguir durmiendo. Pero ya te has desvelado y, cuanta más atención pones, más parece como si alguien estuviese hurgando en tu coche, que se encuentra aparcado en la puerta. Con pasos sigilosos, como si te estuvieran observando, avanzas por el salón y con dos dedos apartas un poco la cortina. Y tus sospechas se confirman: alguien ha roto el cristal de la ventanilla para robarte.

Sales corriendo hacia la calle para defender tu coche y entonces distingues dos figuras amenazantes. Crees que, aunque sean dos, no te conocen y ante tus gritos, seguramente preferirán buscar en otro lugar. Pero cuando sienten que les gritas, se acercan a ti los dos individuos que estaban en el coche y dos más que estaban escondidos. Te empiezan a golpear y caes al suelo. Te quedas inmóvil y sigues recibiendo golpes. El dolor que sientes te hace pensar que te han roto varias costillas y la nariz. Estás tendido en el suelo, casi inmóvil, pero logras romper tu miedo y les miras con el rabillo del ojo. Uno de ellos empuña algo brillante, que te lanza destellos a la cara. Es una navaja. Les oyes decir que van a entrar en tu casa. ¡Tus hijos están dentro! Sientes un miedo atroz, pensando en la total falta de escrúpulos de esa gente; en la pequeña posibilidad de que ataquen a tu mujer, a tus hijos pequeños... Y sientes una increíble impotencia porque sabes que no puedes hacer nada, absolutamente nada.

En ese instante, se encienden las luces de muchos de los vecinos y se escucha una sirena a lo lejos. Un coche que pasaba por allí se detiene en la otra parte de la calle y los alumbra con las potentes luces de su coche. Los asaltantes salen corriendo y desaparecen.

Yo, por mi parte, me alegraría por ti y te daría la enhorabuena.

Qué bien que solo te pasó eso, pues podría haber sido peor.

Qué bien que llegaron los vecinos y lo atracadores se marcharon.

Qué bien que no entraron en tu casa y que solo te rompieron las costillas y la nariz.

¡Qué suerte tuvieron tus hijos y tu mujer!

Mi padre siempre decía una frase que me quedó grabada y que ha marcado mi vida. La utilizo en todo, absolutamente en todo lo que hago:

"Donde los demás ven un problema, yo veo una oportunidad".

Significa que la actitud que dispongas ante cualquier tipo de adversidad, marcará la diferencia entre tu vida y la de los demás. Por eso vuelvo a repetirte: "Felicidades".

Aprovecha las segundas oportunidades.

Ahora, ya ha pasado todo y puedes pensar en la gran suerte de poder contarlo, de que no te haya ocurrido algo desastroso.

Te recomiendo que además de pensar en todo lo bueno, también pienses en todo lo que hiciste y lo que no debías haber hecho. Analiza la situación para evitar el volver a poner a tu familia en riesgo.

Ya sabes que antes de salir de la calle y enfrentarte a unos desconocidos debes llamar a la policía o a quien corresponda. Que, por mucho que quieras a tu coche y no desees que le suceda nada, a este lo puedes sustituir. Te costará más o menos, puede que te lo cubra el seguro en parte o que tengas que trabajar muchas horas extra, pero seguirás en posesión de lo más valioso para ti: tu familia, tu vida, tu integridad física y la salud.

De verdad que te felicito sinceramente, porque dentro de lo espantosa que debe de ser esa situación, aún puedes tener una actitud positiva y alegrarte por todo lo que no pasó.

Recuerda:

No está en tus manos cambiar una situación que te ha producido dolor, pero sí puedes escoger la actitud con la que lo afrontas.

¿Cómo quieres que sea tu día?

No importa cómo sea el día. No importa si amanece nublado o está soleado, o si lo comienzas con el pie izquierdo o no, pues a fin de cuentas vas a verlo, a percibirlo, como tú decidas, como esté tu estado de ánimo y según sea tu actitud.

Tu día puede ser lo agradable que tú determines. Te pongo un ejemplo:

Cuando nos levantamos y abrimos la ventana, si el cielo está nublado y llueve, juzgamos el día como que va a ser gris y triste. A partir de ahí tu hijo pequeño que se ha levantado remolón decide tomarse el desayuno tranquilamente y sin prisas. Esto provoca que salgas más tarde hacia el trabajo y ya has decidido que vas a llegar con retraso a esa importante reunión que tenías, además, debido a que por el mal tiempo encontrarás el doble de tráfico que habitualmente.

Todo esto provoca en ti un estado de estrés y enojo que hace que no seas capaz de pensar y observar todo lo que está sucediendo desde la distancia.

Distancia que, a lo mejor, te hubiera permitido ver que el hecho de que llueva es muy bueno para limpiar el ambiente y regar los campos. Si tu hijo decide tomarse el doble de tiempo para desayunar puedes ponérselo en una bolsa y que acabe en el camino. Si llueve y hay mucho tráfico, siempre puedes llamar y avisar que llegas con retraso, posiblemente las personas de esa importante reunión se encuentren en una situación similar a la tuya... Por lo tanto, tu actitud determina tu jornada.

Y ahora dime: ¿cómo quieres que sea tu día?

No valen las excusas

Tu actitud es la que condiciona la forma en que vives tu realidad.

Que sea positiva en todo momento es muy difícil, sobre todo cuando no controlas totalmente tus pensamientos.

Para poder actuar con una actitud positiva de forma inconsciente, es necesario que te desprendas de tus rencores, tus envidias y tus miedos.

No te aferres a la idea de que tienes miedo al cambio, o de que en la vida te hicieron mucho daño y por eso eres así o asá. Normalmente, las personas buscamos excusas frente a las dificultades que se nos presentan para dejar de luchar.

Decir que no tienes tiempo para controlar o mejorar tus pensamientos es como decir que no tienes tiempo de echar gasolina en tu coche porque estás conduciendo.

No vale decir que nunca vas a superarlo, que vivirás con esa pena toda tu vida.

No vale decir que tus limitaciones y tus problemas te pueden, y que no sabes quién te puede ayudar. Esa es una actitud perdedora, es una actitud vacía de fuerzas, y a la larga pagarás las consecuencias, pues tu presente estará controlado por tu pasado.

Si estás enfermo, o has perdido tu trabajo, una gran cantidad de dinero, alguien ha fallecido o alguien se ha alejado de ti, no puedes perder las ganas de vivir. Son situaciones que pueden pasar en tu vida. Tienes que aprender a encontrar la forma de superarlo y cambiar tu actitud.

Así que deja de limitarte por falta de dinero, tiempo, conocimientos, aptitudes; sácale partido a estas limitaciones, haz que te sirvan de guía hacia donde quieres ir. Lo que no debes hacer es paralizarte e imposibilitar tu calidad de vida.

A continuación vamos a ir desarrollando aquellos aspectos de la vida que se pueden modificar para que el cambio sea posible, para que tu nueva vida pueda ser una realidad.

Rodéate de gente positiva

Al igual que cuando dejas de fumar lo mejor es rodearte de personas que no fumen, cuando has de pensar en positivo también es importante que te rodees de personas alegres y que alimenten tu vida. Aunque no sean perfectas, da igual, tú tampoco lo eres, pero te puedes enriquecer de sus cosas buenas.

Sabemos que para fortalecer un músculo debemos ejercitarlo. La mente es un músculo, también tenemos que trabajar para fortalecerla y, en resumidas cuentas, ponerla a nuestro servicio.

Si te rodeas o te relacionas constantemente con gente que critica, estarás alimentando tu acción de criticar; o si te rodeas de gente a la que le gusta salir a tomar copas constantemente y ver mucha televisión, estarás alimentando el no atender a la familia y perdiendo parte de tu crecimiento personal.

Aléjate de críticas destructivas, de las personas envidiosas, de aquellos que no dan valor a nada en la vida, de aquellos que no tienen fe, ni ilusiones.

Tu entorno es el que va a influenciar y ayudar en tu crecimiento a que tengas una actitud u otra.

Si siembras un olivo en una maceta, alteras el crecimiento. El problema no está en el olivo, sino que la maceta no es la correcta para que el olivo crezca. Lo mismo te sucede a ti, no puedes pretender tener una vida positiva si te rodeas de personas negativas.

Puedes poner todo tu esfuerzo en cambiar tu vida, pero si tu entorno, las personas que te rodean, son indisciplinadas, alterables, indecisas, holgazanas, criticonas o cualquier otra cosa similar, eso impedirá que tú avances.

Trata a tu cerebro como un músculo al que debes entrenar de manera correcta al igual que si fueras al gimnasio para desarrollar los bíceps. Utiliza los pensamientos positivos como una pesa que debes levantar muchas veces al día.

Cambia tu actitud y cambiarás tu camino.

Empecemos a cambiar desde nuestro interior.

Hagamos un repaso, juntos, de todo lo que hemos ido construyendo para así preparar nuestra vida para el futuro:

- Tu vida depende de la actitud que decidas tomar. Tú eliges.

- Tu actitud es la que determinará tu vida. Esa percepción de todo lo que hay a tu alrededor y el planteamiento que hagas, marcarán el rumbo de tu existencia.

- Una actitud positiva favorece e influye, tanto en tus pensamientos como en tus acciones, y eso te dará una buena calidad de vida, afectará incluso a tu salud. Une tus buenos pensamientos a tu actitud positiva, y te convertirás en una persona con éxito.

- Aprovecha todo aquello que te ayude a conseguir esa actitud positiva, recuerda que tu entorno puede sumar si es el adecuado. Con una actitud positiva, todo son oportunidades; con una mala, todo son problemas. ¿Qué es lo que quieres?

3
EL AUTOCONOCIMIENTO
COMO PASAJE HACIA EL CAMBIO

Hasta ahora hemos hablado de ese deseo de realizar ese cambio que tanto anhelamos en nuestra vida. A partir de esa evolución de nuestros pensamientos y de nuestra actitud, algo positivo pasa en nosotros.

Pero para crecer como personas, debemos conocernos primero a nosotros mismos. Por eso, el conocerte y aceptarte es la herramienta más acertada para realizar la transformación que tanto buscas.

El autoconocimiento es nuestra guía para fomentar el cambio en nuestra vida. Alcanzar una mayor felicidad depende de ti, de la evolución que hagas en tu interior.

En una de las sesiones cuando realizamos terapia en grupo, Alberto vino a "educación para el buen desarrollo infantil", terapia que está indicada para fomentar la comunicación y entender las fases por las que pasan nuestros hijos. Se sentía culpable desde hacía mucho tiempo, tanto que colgó su historia en internet y decía:

Como cada día Estela, mi mujer, miraba la agenda de la escuela donde iba Rafael, mi hijo de 6 años. La agenda era el medio de comunicación entre el colegio y la familia de los alumnos.

Aquella noche ella se acercó a mí y me dejó ver que había una nota donde citaban a los padres de todos los niños. Dos días más tarde debía asistir a ese encuentro, ella me lo rogó encarecidamente, todo era por el bien de nuestro pequeño.

Era miércoles, 8:00 am, llegué puntual a la escuela de mi hijo.

La nota que la maestra había escrito en el cuaderno decía poco más que: "No olviden venir a la reunión, es obligatoria". Y allí estaba yo, pensando que a veces los educadores de nuestros hijos se piensan que disponemos de todo el tiempo del mundo para que nos convoquen cuando a ellos les conviene.

Yo, por mi parte, había tenido que cancelar una importantísima reunión que tenía a las 8:30 h y de la que dependía, en gran parte, la evolución de mi negocio.

Fui viendo cómo iban entrando todos los papás. Al poco rato se hizo presente la maestra y muy puntual inició la convocatoria, agradeciendo la presencia de todos.

Con mi estado de estrés, no prestaba atención a lo que decía, mi mente se estaba paseando en cómo resolver la reunión que había tenido que cancelar y buscando nuevas posibilidades de negocio. De repente se escucha en la sala:

–¿Alberto Fernández?, ¿no está el papá de Rafael Fernández? –preguntaba la maestra.

–¡Aquí estoy! –contesté en cuanto me di cuenta, acercándome a pasos acelerados donde estaba la profesora repartiendo las notas de los niños.

Regresé a mi silla, ya más tranquilo y concentrado en la reunión del colegio, y me dispuse a consultar el papel que me habían entregado.

–¿Y esto era lo importante? ¿Qué es esto? –pensé escandalizado.

La hoja de calificaciones estaba llena de números rojos 2 y 3, eran números que indicaban algo muy deficiente. Guardé las calificaciones para que ninguna persona viera las malas notas que habían puesto a mi hijo.

De regreso a casa, cada minuto que pasaba aumentaba más mi enfado mientras iba pensando que no podía entender cómo había sacado aquellas notas. *¡Yo le daba todo lo que podía! ¡No le faltaba de nada! Y ¿era así como me lo pagaba?*, no podía entender todo esto.

Acababa de tomar una decisión, a partir de ahora lo iba a llevar mucho más marcado, se acabaron los juegos de las máquinas y ver la tele. Tenía que estudiar mucho más y poner más ganas y esfuerzo a sus estudios, y así fue como llegué a casa.

Cada instante que pasaba me encontraba más enfurecido. Aparqué el coche, entré en casa de malas maneras y grité:

–*¡Rafael, ven aquí inmediatamente!*

Rafael, que estaba acabando de vestirse en su habitación salió corriendo y vino a abrazarme gritando.

–*¡Papi!*

–¡*Qué papi ni que nada*!, contesté, apartándolo de mí, y sin pensarlo dos veces, le di una bofetada llena de furia e ira, al mismo tiempo que le decía lo que pensaba de él y de sus malas notas.

Le grité que era un holgazán, que no podía ser así como nos devolvía a su madre y a mi toda la dedicación y el esfuerzo que hacíamos para educarle. Que ya no volvería a jugar más con las maquinitas ni a ver la televisión hasta que no demostrara que su actitud había cambiado. Cuando acabé le grité que se fuera a su cuarto.

Rafael se fue llorando, su cara estaba roja y sus labios temblaban, fue incapaz de mediar palabra. Mi esposa, que había sido testigo de todo lo ocurrido, no dijo nada, solo hizo un movimiento con la cabeza negativamente y se fue cabizbaja hacia la cocina.

Por la noche, después de un duro día de trabajo, antes de irme a la cama, ya más tranquilo, mi mujer se acercó a mí con la libreta de calificaciones de Rafael en la mano. Solo dijo:

léelo despacio, fíjate bien en ellas y después toma tu decisión.

Estas decían así:

Boletín de calificaciones para el papá. Tener en cuenta que 1 es poco 2 es normal y 3 satisfactorio.

Tiempo que le dedica a su hijo. Calificación:

1. En conversar con él a la hora de dormir: **1**

2. En jugar con él: **2**

3. En ayudarlo a hacer los deberes: **1**

4. En salir de paseo en familia: **1**

5. En contarle un cuento antes de dormir: **1**

6. En abrazarlo y besarlo: **1**

7. En ver la televisión con él: **3**

No podía creer lo que estaba viendo, todo había sido un estudio del propio colegio para calificar las tareas de los padres en relación a sus hijos y así poder mejorar las relaciones familiares también teniendo en cuenta la opinión de los alumnos.

Con el papel en la mano, me levanté y corrí a la habitación del pequeño, al verlo ya durmiendo quise llamarlo pero se me había hecho un nudo en la garganta, dos gruesas lágrimas corrían por mi mejilla. En ese instante lo abracé y le pedí perdón por todo lo que le había dicho y hecho.

Rafael abrió sus ojos que aún estaban hinchados de tanto llorar, me sonrió, me abrazó y dijo: *¡te quiero, papi!* Y siguió durmiendo con la sonrisa aún dibujada en su rostro. En ese momento hubiera dado todo por retroceder en el tiempo y evitar lo que había pasado por la mañana, pero desgraciadamente no podía hacer eso.

¡Que duro es cometer errores como padres!

Hemos de dar valor a lo que realmente es importante para nosotros: nuestra familia.

Aunque el niño aceptó el perdón del padre, aquella emoción vivida esa mañana, sin sentido, ya está dentro del pequeño. Ampliemos el canal de comunicación, escuchemos más antes de actuar.

Tienes que observarte, ser consciente de tus pensamientos, tus acciones y la manera en la que respondes ante cualquier situación, día a día, reflexionando, pensando en todo lo bueno y lo no tan bueno que hay en ti. Y a medida que avances en el análisis, podrás valorar cómo eres, cómo te ven los demás y por qué te consideran así.

Después de esta observación y este análisis, llega el momento de la toma de decisiones para mejorar y avanzar en el camino hacia tu propia evolución.

Hagas lo que hagas, debes procurar que tenga que ver con lo que deseas conseguir, con tus objetivos. Y esto no lo alcanzarás si no te conoces y aceptas.

Son varios los aspectos a trabajar internamente para trabajar el autoconocimiento:

Constancia

Es fundamental que seas constante durante el proceso, para que no te resulte demasiado largo y pesado el camino. A medida que vayas avanzando, descubrirás que conocerse no es una meta, sino un valor añadido a tu vida a disfrutar.

No pierdas tu tiempo, inviértelo en cosas que te ayuden en tu crecimiento personal.

Tuve un paciente que me decía, totalmente convencido, que todo su entorno era el responsable de que su vida fuera un desastre. Culpaba a su jefe de sus problemas laborales, a su mujer de que sus hijos no fueran más cariñosos, a alguno de sus amigos de que su equipo de fútbol perdiera continuamente. A todo su entorno por la crisis económica que estaba viviendo.

Cuando te encuentras con un caso así, tienes que saber que esa persona no es consciente de lo que está diciendo. Si tus hijos no son más cariñosos no es un problema de tu mujer, has de pensar que a lo mejor hace falta analizar por qué ha ocurrido y que entre ambos coordinen un plan de acción para que fluya más cariño.

No existe un estándar de cariño. El amor y el cariño son libres y hay muchas formas y colores para interpretarlo.

Qué decir si tu equipo de fútbol pierde, es imposible que tus amigos sean responsables de ello, a no ser que estos sean también jugadores. Y para qué decir que la crisis de un país o mejor dicho del mundo económico no es solo responsabilidad de uno sino de muchos.

Poco a poco fuimos trabajando desde adentro hacia fuera. Un buen día le enseñé a trabajar lo observador que era. Le demostré que todo lo que ocurría a su alrededor eran *"eventos neutros"* y que de nosotros dependía la manera de observarlos. Teníamos un *pull* de emociones para elegir y en el momento decidíamos cuál poníamos en dicho evento.

Posiblemente la primera emoción que implicas casi no la puedes controlar, pero con la práctica y visto u observado desde otra perspectiva podemos perfectamente decidir poner otra emoción.

Así fue como empezó a sentir que nadie más que él era el responsable de lo que pasaba en su vida y decidió dejar salir su verdadero YO, asumiendo en todo momento su papel en la vida y quitando responsabilidad a todos aquellos que no la tenían.

Su trabajo empezó a ser más confortable, sus hijos no temieron acercarse a él para darle ese abrazo que anhelaba y entendió la crisis económica como un cambio y una oportunidad para muchos. Eso sí, sus amigos no eran responsables de que su equipo de fútbol perdiera, pero el equipo no logró recuperar posiciones en la liga.

Alimenta tu autoestima.

No solo tu autoestima, también tu paciencia, tu humildad, tus buenos sentimientos, tu sensatez, tu amor, y conseguirás que aflore la buena persona que hay en ti.

Nuestro aspecto refleja al exterior lo que sentimos en nuestro interior.

Tengo una paciente que desde muy jovencita tuvo que pasar por muchos dentistas, hasta que finalmente le tuvieron que poner dientes postizos y eso le ocasionó un complejo, cuando algo le hacía gracia y tenía que mostrarlos se tapaba la boca con la mano. Su madre siempre le decía: *Julia, no te preocupes por los dientes, cuando sonríes las personas no miran tu boca,* *miran tus ojo*s, y así fue creciendo la niña, con mucho complejo.

Julia se convirtió en una mujercita preciosa, a sus 22 años su melena era lisa y color castaño, tenía los ojos verdes. Su cuerpo era perfecto para su edad, su cadera era pronunciada, lo que le hacía verse rellenita, cuando hablaba de sus pechos mostraba cierta insatisfacción, y su estatura era como la de su madre, es decir no pasaba del metro sesenta.

Mucha gente hubiera dicho que era una joven preciosa, pero lo importante era que ella no se veía así. Ella se veía gorda y hubiera preferido tener el pelo rizado. De sus ojos opinaba que eran tan pequeños que no se veía el color. Se sentía fea y, a pesar de poder ponerse tacones altos, pensaba que era tan bajita que le costaría llegar a ser alguien.

Julia solía pasar desapercibida, se escondía detrás de ropa que no le favorecía nada y normalmente recogía su pelo con una coleta en la nuca.

Pocas veces sonreía y solía pasar horas encerrada en su habitación, comunicándose con sus amigas a través de las redes sociales. Casi no salía de fiesta, a pesar de que sus padres la animaban a ello y sus amigas le insistían hasta el punto de que después de dos años de insistencia sin resultado, habían dejado de decirle cuando tenían una salida para ir a bailar.

Teresa, su madre, estaba muy triste ante esta situación, sabía perfectamente que su hija era hermosa e inteligente, que este estado en el que había entrado no le llevaría a ningún sitio y tenía que ayudarla a salir de ahí.

No tenía novio ni quería tenerlo, solía decir que nadie podía fijarse en alguien como ella.

Un buen día Teresa decidió montar una estrategia para ayudar a su hija. Estaba tan preocupada que detalló perfectamente todo lo que había planeado. Habló con las mejores amigas de su hija, Sara y Sofía.

Les explicó, aun corriendo el riesgo de que ellas le contaran a la hija qué estaba tramando la madre, que Julia se sentía el patito feo del mundo, y pasó a detallar minuciosamente su plan. Las amigas inmediatamente estuvieron de acuerdo con la madre y se dispusieron a ayudarla.

Las tres sabían perfectamente que Julia estaba enamorada del hermano de Sofía, este no se había fijado nunca en ella. Arturo, que así se llamaba el hermano, tenía 24 años, nunca había tenido una novia seria, iba "de flor en flor" sin decidirse especialmente por ninguna de ellas. No terminaba de encontrar a la mujer de su vida.

El plan comenzó un lunes. Sara llamó a Julia para comunicarle que iba a hacer su fiesta de compromiso. Y, aunque ya sabían que eso no estaba de moda, su novio tenía claro que pedir la mano de la que iba a ser su mujer era muy importante, así que, independientemente de los costes que eso supusiera, iban a organizar la fiesta.

Sara le pedía ayuda a ella y a Sofía para organizar todo. Y las tres se pusieron manos a la obra. La acompañaron a buscar un precioso vestido; de pasada, las amigas también elegían el suyo. Debía ser de fiesta, y muy especial, ya que para la prometida también iba a ser uno de los mejores momentos de su vida. De los detalles del local y el *catering* se encargaba el futuro novio.

Eligieron tres vestidos preciosos, a Julia la vistieron de verde porque le quedaba perfecto con su color de ojos. Y sus amigas de rojo y azul.

Decidieron que tenían que ir a la peluquería, arreglarse las uñas de las manos, de los pies y hacerse un peinado para ese día. Ojearon infinidad de revistas, con diferentes modelos, y optaron por un recogido alto para Sara y Sofía y la melena suelta y bien peinada para Julia. Fueron a tomar unas cuantas sesiones de cama solar para poner color en la piel.

A todo esto Teresa, la madre, estaba totalmente informada de cómo iban evolucionando los planes. Julia, por su parte, también estaba ilusionada. El caso era hacer cosas por su amiga y como parecía que la idea del compromiso le hacía ilusión, se sentía útil ayudando y acompañando en el plan.

Llegó el día esperado. Las tres amigas habían quedado a las once de la mañana para ir a la peluquería. Manicura, pedicura y peinado.

Estaban entusiasmadas, tanto Julia como Sara se alegraban mucho de ver a Sofía tan feliz.

La fiesta empezaba a las 20:00 horas en un restaurante frente al mar. Después de la peluquería se fueron cada una para su casa y volvieron a quedar a las 17 hs para maquillarse y vestirse.

A las 19:30 estaban listas las tres. Parecían princesas sacadas de un cuento de hadas. El vestido de Julia ceñía su cintura y le resaltaba la figura, la castaña y brillante melena le caía sobre los hombros y los zapatos de tacón la hacían especialmente esbelta. El color del vestido y el tostado de la piel resaltaban aún más su belleza.

Acompañada de sus dos amigas, se miró al espejo. Era la primera vez que se veía así de bonita. En ese momento dibujó una preciosa sonrisa en su cara que la acompañó el resto de la noche. Se sentía bella y así lo transmitía.

El salón del restaurante estaba precioso, las luces eran blancas y hacían resaltar todo. Las tres amigas llegaron a la fiesta y allí estaba el futuro novio de Sara, esperándole con un bonito ramo de rosas. Todos los padres, familiares y amigos estaban allí. Julia entró y buscó con la mirada a Arturo. Lo vio de inmediato, vestido con traje azul marino, le sentaba de maravilla *–qué guapo está–* pensó.

Teresa, que no andaba muy lejos, la vio y se acercó.

–Estás preciosa hija –le dijo.

–Gracias mamá, la verdad es que yo hoy también me siento bella –contestó.

Empezó a sonar la música en el salón, era un vals. Julia no sabía demasiado de bailes de salón. De repente sintió una mirada fija en su espalda, al girarse encontró a Arturo muy cerca de ella, con una sonrisa en su rostro y tendiéndole una mano para invitarla a bailar.

–¿Bailas? –le preguntó. El color de la piel de la cara de la joven pasó de ser moreno por el sol a rojo fresa.

–Es que no sé baila –contestó torpemente.

–No te preocupes, yo sí sé bailar; solo tienes que dejarte llevar.

Y Julia tomó la mano que Arturo le estaba ofreciendo e intentó dejarse llevar por la música.

El resto de la noche estuvieron bailando y charlando. Él le explicaba que hoy la veía distinta, con algo especial, comentario que provocaba que ella se sonrojara. También le dijo que hacía mucho tiempo que se había dado cuenta de su belleza, pero que no se atrevía a decirle nada.

En un momento que dejaron de bailar, Julia fue corriendo en busca de su madre, la cogió de la mano y se la llevó al baño.

–*Ven, mamá, tengo que contarte algo muy importante* –le decía mientras llegaban al servicio. *Mamá, Arturo me ha dicho que le gusto mucho, quiere que nos veamos mañana, estoy muy feliz mamá, ¡no te imaginas! Además, dice que hacía mucho tiempo que pensaba en decirme algo, pero que no se atrevía porque me veía muy insegura y escondida. Tenía miedo de mi reacción, ¿te puedes creer eso? Si él siempre me ha gustado.*

–*Me alegro mucho hija, me hace muy feliz ver esa felicidad en tus ojos.*

Y, tomándola de los hombros, la giró hacia el espejo que había en el lavabo:

–Fíjate bien cariño, cuando saliste de casa ya te veías bella y eso es lo que has transmitido. Arturo, que hacía tiempo que se había dado cuenta, hoy ya no ha podido resistirse a tus encantos. Dime mi niña, ¿qué ves en el espejo?

Y con una preciosa sonrisa en la cara, Julia contestó: *una bella mujer que ha comprendido que lo que sientes dentro es lo que transmites. Gracias madre. Te quiero.*

Trabaja en tu crecimiento personal desde el interior, desde la paz, desde el equilibrio, y provocarás ese cambio en tu vida.

¿Por qué me siento insatisfecho?

A lo largo de todos estos años, voy observando cómo hay algo invariable en nuestro modo de vivir y es que las cosas cada vez son más efímeras.

Eso provoca que a menudo tengamos la necesidad de cambiar de teléfono móvil, de ordenador, etc. Cuántas veces habremos oído hablar a nuestros mayores de una lavadora que les duró treinta años o de un coche que todavía guardan en el garaje como el primer día.

Seguramente eso tenga incidencia en que sea tan común en nuestra sociedad sentirse insatisfecho con el mundo, con nuestro entorno, con la vida, con uno mismo. Nuestra mente se deja arrastrar por la corriente y empezamos a perseguir cosas banales, relaciones pasajeras que no se apoyan en la confianza mutua.

Tú, tu vida, es el resultado de tus pensamientos.

Tu forma de pensar ha creado tu carácter, el que te llevó a tomar las decisiones que tomaste en su momento y que te han llevado a esas situaciones con las que ahora te sientes insatisfecho.

Este es el resultado de no haber optado desde un principio por el pensamiento positivo y haber hecho los cambios correspondientes en ti.

Pero no has de lamentar la situación, todo te sirve como aprendizaje. Cada persona se siente insatisfecha de su vida porque no hizo el cambio, no hizo aquello que tenía que hacer en cada momento para sentirse bien.

Necesitamos darnos cuenta de que algo no funciona para saber qué tenemos que cambiar. Todos nuestros errores también nos sirven para ganar experiencia y sabiduría, ahora ya sabes caminar un poco más, hacia el único sendero autentico: tú mismo.

Cambia tu forma de pensar. Pásate a una actitud positiva. Ese será el primer paso para alcanzar la paz contigo mismo y con tu entorno, te ayudará a ver las cosas con claridad, y podrás empezar a dar pasos hacia tu crecimiento personal.

Educa tus pensamientos

Tienes que educar tu pensamiento y aprender a diagnosticar lo que te dice. Educarlo con cosas buenas como seguridad, autoestima, valores, sensatez, y evaluar sus comentarios para decidir qué es aquello que verdaderamente quieres.

Cuando seas consciente de ellos, detectarás de inmediato qué es todo lo que te hace sentir inquieto y no te gusta.

En cuanto empieces a realizar lo que te propongo, rápidamente notarás los primeros avances y ese análisis diario te irá avisando de todos aquellos pensamientos que no te convengan.

Escucha la voz de tu pensamiento, de tu conciencia, siempre y cuando lo hayas formado y le hayas enseñado cuáles son tus necesidades.

Busca la armonía y la paz interior

La paz, la tranquilidad, la serenidad, son constantes universales a las que todos debemos aspirar. Son el camino hacia nuestro crecimiento personal. Y este empieza cuando dejamos de lamentarnos por lo que no nos gusta de nuestra vida y buscamos la verdadera construcción de nuestra armonía, y esta llega cuando hemos adquirido el autoconocimiento y sabemos ponerlo en práctica.

Padecer y sufrir son alarmas de que falta armonía en ti, de que aún tienes pensamientos negativos. Pero si te sientes en paz y equilibrio es porque has sido capaz de cambiarlos y ahora son positivos, sensatos, ordenados e inteligentes.

Tener nuestra mente ordenada es un indicador de autoconocimiento, de autocontrol. Cuanto más tiempo mantengamos el control de nuestra mente, más tiempo permaneceremos felices y satisfechos.

La felicidad depende más de nuestra armonía interior que de lo que nos sucede. Los pájaros cantan cada día, no lo dudes, pero no siempre los escuchamos cuando salimos a la calle.

Todos tenemos momentos difíciles. Tienes que intentar permanecer en paz en medio de cualquier tempestad y no permitir que esta te altere. Cuando te mantienes en paz, consigues el control de la situación.

Los pasos sugeridos para aprender a relacionarte contigo mismo son los siguientes:

- Disfruta de la paz de tu ser.
- Respira profundamente.
- Trata de no perder la calma.
- Respira con serenidad.
- Disfruta de tu vida, tu mundo, y haz que los que están a tu lado también lo disfruten.
- Según medites las decisiones de tu vida, así se sucederán las cosas.
- Sé constante con el análisis y elabora un plan de acción.

Controla tus emociones

Cuando hablamos de paz interior, no me refiero a una paz de dos horas al día. Simplemente es tener serenidad en los momentos en que algo nos afecte y seguir siendo nosotros mismos.

Si no tienes un buen autocontrol, difícilmente vivirás en paz contigo mismo, es importantísimo para un buen equilibrio y para buscar tu felicidad, porque cuando estás descompensado, nada parece entusiasmarte.

El autocontrol se centra principalmente en las emociones.

Las emociones básicas son: cólera, alegría, miedo, tristeza, amor, sorpresa, vergüenza, aversión. Todas ellas son el resultado de nuestros pensamientos.

Para controlarlas y que no nos dominen debemos conocernos muy bien para saber qué hacer con cada una de ellas.

Controlar tu ira, tu furia, tu irritabilidad va en función de cómo alimentes en ese momento tus pensamientos positivos.

Recuerda:

Todo lo que pasa es neutro y tú decides qué emoción poner. Si quieres corregir tu carácter, tienes que ir cambiando tu forma de pensar. Los pensamientos generan las circunstancias; cambia tus pensamientos y cambiarás las circunstancias.

Jamás podrás darle a tu familia, a tu entorno, una estabilidad, un equilibrio en el aspecto que sea, si tú no lo consigues primero. Y para conseguirlo, tienes que ir al fondo de tu ser, a los pensamientos, a las acciones. Aprender a controlarse es aprender a vivir en armonía.

En uno de mis viajes, en Argentina, conocí a Pedro, una persona de unos 45 años, padre de familia de dos preciosas gemelas y esposo de una mujer encantadora y muy dulce. Pedro se quejaba constantemente de cómo le iba en el trabajo.

Era una época en la que su país ya se encontraba en una situación laboral bastante difícil y económicamente aun peor. En cambio, él tenía un buen trabajo, era el asesor personal de un importante directivo de una prestigiosa cadena de supermercados, estaba totalmente reconocido tanto en lo personal como en lo económico.

Cobraba un salario por encima del 60% de la base de ese momento y su opinión era muy valorada y apreciada. Aun así, Pedro sentía que su jefe estaba contra él. Ante cualquier problema o conflicto que ocurría en la empresa se sentía amenazado y se lo tomaba como algo personal.

No era capaz de dar valor al hecho de que a pesar de la crisis que estaba sufriendo el país entero, él había obtenido un aumento salarial.

Su mujer intentaba por todos los medios que él valorara su trabajo, no soportaba verlo llegar derrotado a casa día tras día.

Cuando le hablé de que las cosas que pasan a nuestro alrededor son neutras y que nosotros elegimos qué emoción poner y qué pensamiento tener acerca de esa situación, su vida dio un vuelco, decidió que debía cambiar la forma de pensar y observar lo que sucedía.

Reconoció que no podía cambiar los problemas de la empresa, ni la crisis del país, pero sí su forma de ver, y en ese momento empezó a valorar y aceptar lo que tenía.

Tengamos en cuenta que no nos debemos confundir entre aceptar una situación a resignarnos. Solo podemos aceptar aquello que entendemos. Su vida, en ese momento, cambió totalmente.

Cuando te falta esa tranquilidad puedes explotar, perder el control. Mientras que no cambies tus enfados, tu mal genio o tus salidas de tono, estos pasarán a ser tu forma de vivir, a formar parte de tu personalidad, y estas actitudes no hacen la vida más fácil. Al contrario, tu carácter y la convivencia contigo se irán volviendo cada vez más inaguantables para los que te rodean.

Durante el régimen español, Miguel de Unamuno les dedicó unas palabras a los que le arrebataron su cátedra en la Universidad: *venceréis, pero no convenceréis.*

Puede que durante un tiempo, cuando estés en una posición de dominio, la gente haga lo que tú quieras, y te siga. Pero si no consigues justificar tus decisiones, si no consigues que tus actos hablen por sí mismos, por su bondad, su lógica, eso no durará eternamente.

Si no preparas el cambio, la gente te soportará solo por un tiempo, y llegará un momento en el que te quedarás solamente con aquellos que aún no te conocen.

Aristóteles decía que cualquiera puede enfadarse, eso es fácil. Pero enfadarse con la persona apropiada, en el momento oportuno, con el propósito adecuado, en la medida correcta y de la manera conveniente, eso no está al alcance de cualquiera ni resulta fácil.

Hay que entender muchas cosas, como el saber por qué se hizo, para qué y con qué objetivo y, aun así, a veces no se entiende, pues cada uno tiene su propia forma de hacer las cosas.

Ya sabes: buenos pensamientos, buenas personas y buenos sentimientos.

A mayor control de nuestras emociones, más éxito tendremos en nuestras vidas. Sin embargo, si no las gestionamos de forma apropiada, tarde o temprano pagaremos muy caro las consecuencias.

Aprende a canalizar las críticas

Ser más feliz o tener más éxito que los demás puede colocarte en su punto de mira y convertirte en objeto de críticas, envidias, celos.

Saber aceptar las críticas es un proceso muy delicado, porque en un principio, todas parecen destructivas. Pero si estás seguro de ti mismo, tu calma filtrará y sacará provecho de esos comentarios, como aprendizaje para poder corregir y mejorar.

Las críticas serán el examen más difícil a solucionar, podrán ser ciertas o no pero es lo que los demás estarán viendo en ti y tendrás la oportunidad de decidir qué haces con ellas ¿dejar que te afecten?, ¿o aceptarlas y analizarlas?

Si además son críticas destructivas, ofensivas o hirientes, la forma de contrarrestarlo es muy fácil: no hagas caso. Hay un dicho que dice: "No hay mayor desprecio que no hacer aprecio".

Recuerda que no sirve de nada actuar como el que te critica. ¡No caigas tan bajo! Eso nunca traerá un buen resultado, y mucho menos a tu mente, a tu ser, a tu persona, pues de nuevo estarás dejándote llevar por los pensamientos negativos.

Cuando lleguen a ti las críticas hacia otras personas en conversaciones en las que participes, muéstrate reservado. No te dejes arrastrar por la difamación. Puede ser que estar presente en esas conversaciones te haga partícipe de dar opiniones, esto es humano, y que los criticados al final se enteren de lo que tú has opinado y eso te afecte.

Ya sabes: "caso omiso", no hables, no opines en las críticas que se hacen de terceras personas. Además de perder el tiempo, traen problemas. El Dr. Miguel Ruiz, en su libro *Los cuatro acuerdos*, decía: *sé impecable con tus palabras.*

Cuando alguien te critique y la venganza se convierta en una obsesión, piensa que eso se convierte automáticamente en una lucha inútil en tu camino.

No caigas en su juego: eso es lo que ellos están esperando. No te pongas a la defensiva, no intentes demostrar nada, no dejes que en tu mente aparezca ninguna acción de venganza.

Esa es la semilla que quieren hacer crecer cuando dirigen sus críticas destructivas contra ti. No dejes que crezca en ti la semilla maligna de los demás.

Haz tú lo mismo, no alimentes lo que ellos desean, ignóralos, haz tu vida, piensa que tú vas por el buen camino haciendo lo que deseas. Deja que ellos pierdan el tiempo en criticar, tú dedícate a construir.

Olvídate de las críticas. Enfócate en tus logros, en aquello que deseas, y no estés pensando en lo que debes hacer para agradar a los demás.

El rico sello de la humildad

Es muy fácil saber cuán grande es la persona que está ante ti; para ello, solo tienes que fijarte en su humildad: mientras más humilde, más grande es. Porque él, o ella, hará que te sientas valioso e importante al mostrarse generoso, sencillo y servicial, lo que hará que tú te entregues total e incondicionalmente y, como puedes imaginar, no hay tesoro que pague eso.

Tenía un profesor que siempre decía: *Ayuda a los demás y estarás al servicio del ego, sirve, y estarás al servicio del amor.*

Aquel que verdaderamente es humilde se observa en todo su ser, su actitud, sus pensamientos, sus necesidades; valora lo que es y no se compara, porque sabe que somos únicos, no hay nadie mejor que otros, ni superior.

Silvia, una chica nacida en una familia natural de Ávila, en España, desde pequeña sentía una vocación muy clara, quería ser monja. Sabía que quería dedicar sus días a servir a Dios. Sus padres, que estaban un poco asombrados por aquella decisión y que nunca habían sido demasiado practicantes de la religión católica, no sabían cómo ayudar a su hija.

Silvia se sentía algo perdida; decidió ir a la madre abadesa, persona de gran corazón y sabiduría de un convento de su ciudad, y preguntarle qué podía hacer para tener mayor humildad y ser una buena monja.

Camino al convento iba meditando todo lo que quería preguntar a la madre: *¿Qué significaba servir a Dios?*, *¿si con el tiempo me arrepiento, podré salir de allí, sin ningún problema?*, y así fue haciéndose las preguntas antes de llegar a destino. Era increíble el precioso paisaje que se extendía por aquellos parajes, ofrecía paz y meditación.

Al llegar observó que en la puerta colgaba una campana; era muy bonita, de unos 20 centímetros de diámetro y de color dorado. No parecía que hubiera nada más que pudiera invitarle a golpear, así que tocó la campana y a los pocos minutos le abrió una monja que era la encargada de abrir la puerta y la invitó a entrar. (Esto metafóricamente representa la apertura de tu mente para desear y lograr ser más humilde).

Más adelante, mientras caminaba sola por el claustro, vio a otra monja que parecía que meditaba en silencio, y como estaba un poco perdida decidió preguntar: *perdone que la moleste hermana, pero ando un poco perdida, ¿sería tan amable de indicarme dónde encuentro a la madre superiora? Tengo una duda que quiero resolver.*

(Simboliza la iniciativa de buscar cómo hacerlo).

La monja del claustro continuó meditando mientras decidió acompañarla a la celda de la madre abadesa.

Caminaban en silencio mientras pasaban por pasillos anchos y unos ventanales por los que entraba una luz maravillosa. La dejó allí frente a la puerta cerrada sin mediar palabra.

(Simboliza tu acción ante lo que quieres).

Silvia, después de quedarse un ratito dubitativa, decidió llamar a la puerta.

–*¿Quién es?* –preguntó la madre abadesa desde adentro.

–*Soy yo, madre* –contestó.

Y la puerta no se abrió.

La chica se quedó un poco confundida, no sabía qué hacer, pero tenía claro que no quería irse sin encontrar las respuestas que había venido a buscar. Volvió a llamar.

–*¿Quién es?* –se oyó desde adentro, una vez más.

–*Soy yo...*

Y la puerta siguió cerrada.

Muy triste, y sin saber qué podía hacer, la chica se sentó en el suelo y se pasó meditando el resto del día.

Cuando las luces del convento se encendieron, la chica se levantó rápidamente y volvió a llamar a la puerta. (Simboliza el entendimiento).

–*¿Quién es?* – dijo la madre superiora.

La chica respondió:

–*Tú...*

Y la madre abadesa abrió la puerta.

Ya no había nada que explicar. Aquella chica lo había entendido todo.

La humildad empieza y termina aceptando al otro como si fueras tú.

Podría parecer que para ser humilde se requiere una gran madurez y un gran conocimiento de uno mismo, pero he visto a muchos niños, adolescentes y jóvenes que llevan en ellos el rico sello de la humildad.

Pero debes poner atención: en alguien humilde nunca encontrarás la reivindicación de esa virtud. Esa sublime característica está escondida, aletargada bajo una pátina de amabilidad y eficiencia. Y cuando la descubres, se alza majestuosa, imparable. Las personas agraciadas con el don de la humildad deben estar en tu entorno. Y desde el momento en que lo detectas, debes esforzarte cada día por aprender un poco más de ellas.

Con la siguiente historia vas a entender lo que quiero decirte:

Un día, José, un padre de familia que se sentía afortunado de su vida y de sus posesiones, decidió pasear a su hijo, un niño de 7 años, por una zona pobre de la ciudad para que viera otras realidades y así pudiera valorar lo que tenía.

José era una persona que había vivido en una familia, fruto de la posguerra, donde el hambre se hacía notar. Las posibilidades de un trabajo fijo no existían, la desconfianza y el temor estaban en la mente de cada ciudadano.

La escasez se aplicaba en todos los términos y él ya sabía el significado de no tener nada más que comer que un plato de lentejas, por supuesto, sin chorizo.

No quería que su hijo se sintiera como él se había sentido en su infancia, prefería darle una lección práctica y simplemente enseñarle lo que se podía ver en algunas zonas de su propia ciudad.

La crisis económica estaba avanzando muy deprisa y Gerardo, que así se llamaba el niño, no tenía que ir muy lejos para ver cierta pobreza a su alrededor. Aun así José decidió que su pequeño tuviera una lección especial.

Un día, la mujer, el hijo y el padre se fueron de excursión al campo con la intención de mostrarle la pobreza al niño, tal y como lo tenía planeado.

Pasaron tres días enteros en una granja de otra familia sencilla, a las afueras de la gran ciudad. La habían encontrado por internet mientras buscaban un sitio pobre donde alojarse y así poder demostrar al hijo su suerte.

La granja estaba habitada por los Fernández, una familia con seis hijos; contando que el mayor tenía 8 años y teniendo en cuenta que había unos gemelos, la pobre mujer no recordaba lo que era su cuerpo sin una gran barriga.

Los Fernández tenían una casa grande, pero no habían podido ir reparando lo que el tiempo había dañado. El padre de esa familia trabajaba en el campo y de ahí conseguía los alimentos para los suyos. La madre a duras penas tenía tiempo para atender a sus hijos y los inquilinos que en su casa se alojaban.

Dado que necesitaban ingresos, tres años atrás y estando embarazada decidieron juntar a los niños en dos habitaciones y acondicionar las que quedaban para ofrecerlas como turismo rural y así conseguir un ingreso extra. Para acondicionar la casa recolectaron dinero de los vecinos del pueblo, que lo entregaron como donación.

Al mismo tiempo que ofrecían la casa, Merche, la madre de la familia, también ofrecía pensión completa, ya que había aprendido a cocinar con sus tías y lo hacía realmente bien.

José y su familia lo pasaron en grande. Gerardo jugó mucho con los niños de aquella familia. Estuvieron todo el tiempo al aire libre, y los niños Fernández le enseñaron juegos que él no conocía, como "un, dos, tres pica pared" o "churro, media manga, mangotero". Y, por su lado, Merche enseñó a la madre de Gerardo a cocinar alguna cosa aprovechando restos de aquellos que, algunas veces, se quedan en la heladera y por otro lado también encontraron tiempo para pasar algunas horas sentadas al fresco, tejiendo punto de cruz.

Por supuesto José ayudó al padre Fernández en el campo, trabajo que nunca había realizado pero que, a pesar de parecerle muy duro, encontró rápidamente que era una forma de desconectarse de la ciudad, estando a tan pocos kilómetros. Los dos días pasaron volando.

Al volver de la excursión el padre, contento y satisfecho por la experiencia, preguntó al hijo:

–*¿Qué tal te ha parecido la experiencia de pasar unos días en aquella casa?* –esperando una respuesta alentadora.

–*¡Ha estado bien, papá!,* contestó Gerardo.

–*¿Has visto la pobreza en la cual viven algunas personas?* –preguntó el padre.

–*¡Sí!* –contestó el pequeño, pensativo.

–¿*Y qué has aprendido en estos tres días*? –volvió a preguntar, esperando una respuesta sencilla y fácil.

–*Pues vi que nosotros tenemos un perro en casa y ellos tienen un perro, quince gallinas, un caballo, tres vacas y los árboles llenos de pájaros. También vi que nosotros tenemos una piscina y ellos tienen un río entero. Vi que tenemos césped para jugar en él y ellos tienen un prado que llega hasta el horizonte. Vi que para jugar no necesitan corriente eléctrica ni pilas de recambio, salen afuera y juegan a cosas que, por cierto, me han parecido muy divertidos* –fue la respuesta inesperada del niño.

El padre había estado escuchando atentamente las palabras del pequeño, no sabía qué decir, no esperaba esa respuesta.

Gerardo añadió: ¡*Gracias, papá, sin ti no me hubiese dado cuenta lo pobres que somos!*

La madre, que había estado escuchando toda la conversación añadió: *Para mí también ha sido una experiencia especial, a pesar de los detalles en la casa como que el baño estaba viejo, o la cocina algo desarmada o las habitacio-*

nes destartaladas, hacía mucho tiempo que no me reía simplemente escuchando la risa de los niños cuando jugaban. He valorado y he sabido qué hacer con una pieza de comida en la heladera. Te das cuenta qué significa. Ser en vez de tener. Gracias, cariño, por mostrarme todo esto. Y se acercó a su marido y tomándole una mano le dio un beso de amor, desde el corazón.

Todo depende de cómo lo mires, de lo que necesites, de lo que estés acostumbrado, de lo que valores.

Lo importante en la vida es SER, primero eso y después TENER.

Aprende a superar las adversidades

Una de las cosas más significativas que le ocurre a la mayoría de las personas es que no saben afrontar los problemas.

Muchas de nuestras dificultades se deben al desconocimiento de nosotros mismos y a la falta de autocontrol. Es entonces cuando, en la mayoría de los casos, acaban convirtiéndose en grandes problemas por no haber sabido

solucionarlos a tiempo o resolverlos correctamente.

Los problemas no desaparecen solos, al fin
y al cabo un problema no es más que algo que
ha sucedido, que no hemos podido evitar y a lo
que le hemos puesto una emoción. Hace falta
una excelente disciplina para conseguir cambiar esa observación, un mayor control, paz y
agradecimiento de la vida.

Durante el transcurso de nuestra vida, vamos aprendiendo y absorbiendo conocimiento y experiencias. Dependerá de nuestro autocontrol que seamos capaces de asumir esas
enseñanzas. Si en el momento que pasa no
aprendemos, es posible que volvamos a repetir
una experiencia similar que llevará el mismo
aprendizaje.

Sin embargo, las experiencias que vivimos
no son las que determinan nuestro crecimiento como personas, sino el valor, el sentido que
les conferimos.

El cómo afrontemos las adversidades determinará nuestra forma de ser, ya que ese es el

proceso de nuestro crecimiento personal. Será la formación para nuestra maduración, que es distinta en cada uno de nosotros.

Recuerda que tu mejor aliado eres tú, y tus pensamientos. La vida está llena de muchos momentos en los que decidirás cuáles van a ser los buenos y a cuáles les darás importancia. No huyas de los problemas, pues hagas lo que hagas, cuando vuelvas seguirán estando ahí.

Para conocer en qué punto de crecimiento personal te encuentras, observa cómo actúas ante una situación que no te guste o que te incomode, siente y analiza qué emoción le has puesto a ese momento.

Cuanto menos preocupación sientas, mayor equilibrio y menor sufrimiento.

Cuanto más fácil te resulte salir de épocas difíciles, más confianza y plenitud tendrás en tu vida. Ten la fuerza y la actitud de sobreponerte a las adversidades.

Aprovecha y disfruta tu vida. Donde los demás vean un problema, tú, saca provecho.

En muchas ocasiones, somos nosotros mismos los que buscamos el crecimiento personal. Pero, también es cierto que en otras ocasiones nos viene forzado por las adversidades, y el resultado no es el que nos hubiese gustado.

El motivo de que ocurra esto es muy sencillo: vamos a la deriva, sin rumbo, o con un rumbo que no hemos elegido nosotros. El perdedor tiene su frase para estos casos: "Así es la vida".

La diferencia entre los perdedores y los triunfadores viene marcada por la capacidad que se tenga para superar los obstáculos. Hay personas que abandonan muy rápido. A veces no cambiamos por comodidad, o por miedo a lo que no conocemos, nos cuesta salir de nuestra "zona de confort". Es como cuando un militar decide quedarse como un simple soldado raso: prefiere ser guiado por otros a disciplinarse y tener desafíos por él mismo.

En cambio, los ganadores se mantienen firmes en sus ideales, luchan contra las dificultades, porque sus pensamientos son de motivación y de logro. Muchos, incluso llegan a un nivel en el que los inconvenientes y las limitaciones se trasforman en material de fuerza y empuje.

Siempre que hablo de ganadores recuerdo a una amiga y colega a la que tengo en mucha estima: Laura. Es un ejemplo para nombrar y valorar. Era la mayor de tres hermanos. Su familia no estaba en una situación pudiente, eso provocaba constantes peleas entre sus padres por temas económicos. A sus dos hermanos más pequeños los tenía que ayudar a vestir cada mañana, prepararles el desayuno y llevarlos al colegio. Por las tardes, se sentaba a hacer las tareas del colegio y les daba la merienda, a partir de ahí era la madre la que se encargaba de ellos.

Laura nunca sacó buenas notas, le costaba mucho concentrarse en sus estudios, el entorno en el que se encontraba era muy duro para estudiar, si no eran las peleas entre sus progenitores eran sus hermanos que molestaban o las obligaciones domésticas que tenía que cumplir.

Cuando llegó el momento en el que sus hermanos ya volvían solos del colegio y ella tenía más libertad, empezó a ir a la biblioteca a estudiar; aquello le proporcionaba un espacio de estudio muy diferente al que ella estaba acostumbrada.

Quería ser psicóloga para ayudar a las personas que, como ella, habían vivido en un entorno algo espeso. Para eso tenía que sacar una puntuación específica, y dado que la media de sus notas de primaria y secundaria eran muy bajas, debía esforzarse mucho para subir ese promedio y poder entrar en la universidad a realizar esa carrera.

A pesar de sus hermanos y sus tareas, siempre encontraba un momento para sus libros y para estudiar. Consiguió así sacar los puntos necesarios para entrar en la carrera de Psicología y allí su esfuerzo fue de matrícula de honor en muchas de las asignaturas. No sin dejar de mencionar que durante esos años de estudio falleció su madre, dos tíos, su hermano tuvo un accidente muy grave y a ella le amputaron una mano.

A pesar de su entorno, siempre tuvo claro que era lo que quería y fue tras ello. Sin importarle la intensidad de las complicaciones, su objetivo ya estaba marcado.

Recuerda:

Cambia tu forma de pensar y confecciona tu futuro, a sabiendas de que siempre vas a encontrar obstáculos en tu camino.

Cómo superar el duelo

El sufrimiento llega cuando sucede algo que no queríamos que sucediera.

Cuando nos separamos de las personas, las cosas, los lugares, e incluso las ideas, sentimos un gran dolor, un gran sufrimiento. A ese proceso le llamamos duelo.

Cuando padecemos una pérdida de este tipo y nos cuesta superarla, se debe a la falta de control de superación de ese apego.

Estos pensamientos hacen sufrir, corroen, destruyen lentamente, haciéndote perder autoridad y control de ti mismo. Pero tú no lo ves, te pasan en transparencia, crees que estás bien, es por eso que destrozan y te hacen tanto daño.

Por eso estás así hoy, con esa sensación de presión en el pecho, con pena, creyendo que no hay rumbo para tu futuro, que ya es muy tarde.

Recuerda que una pérdida, del tipo que sea, es muy dura, y que mientras pasas esos momentos, te sentirás muy frágil, muy indefenso. Si te agobias y te encierras en tu sufrimiento, no encontrarás la salida.

Por eso es tan importante que te alimentes, te nutras bien de pensamientos bonitos, que estos se impongan sobre los desagradables y te den madurez, equilibrio y paz interior.

El sufrimiento debe servirnos para hacernos más fuertes, más profundos.

Evidentemente, una actitud positiva no te va a salvar de las malas noticias, pero puede variar tu reacción ante ellas. Tu estado de ánimo es el resultado de tu actitud, y la actitud es generada por tus pensamientos.

No todas las personas tienen la capacidad de desprenderse de estos pensamientos que nos alteran y nos nublan.

Lo lógico es que desde la infancia nos eduquen y nos enseñen a prepararnos para el momento de la muerte. Si no tienes a nadie que te dirija, entonces comienza tú mismo, trabaja en tu crecimiento personal y en cómo afrontar las adversidades que se te presenten.

Te propongo algunas pautas que te ayudarán a superar momentos difíciles:

No te reprimas

No importa cuál sea la causa, si perdiste algo o a alguien, si recibes una mala noticia. Cuando sientas ganas de llorar, **desahógate, llora,** no te resistas.

Date tu tiempo

Date tu tiempo para superar el dolor, pero no te quedes instalado en él, por siempre, porque cuando salgas de ese estado, la vida tal y como era antes de que ocurriera, seguirá ahí.

Comparte esa situación

Encuentra un amigo con quien compartir: un aliento siempre es un aliento. Da igual si con quien compartes esa situación es de tus más allegados o no; lo que importa es que te liberes, que te desahogues, que hables de ello.

No te guardes las emociones, pues es muy probable que algún día estalles y no lo controles. Guardar no es bueno, pues al no desahogarte vas acumulando tensión, ansiedad, estrés, inseguridades, miedos. Hacer como si nada hubiera sucedido hará que un buen día no aguantes más y lo saques todo sin control.

Muchos te aconsejarán diciéndote lo que debes hacer, y es posible que lo hagan con buenas intenciones, pero cada uno es como es y nos hemos hecho de nuestras vivencias, sentimientos, y actuamos de forma diferente. No te preocupes en querer complacerlos.

Recuerda que las situaciones que más nos duelen, son siempre las que más nos enseñan.

Según cómo sea tu actitud frente a estos temas, será tu aprendizaje para superarlos y ello marcará el modo en que estos acontecimientos afectarán tu vida.

No te sientas culpable por nada.

Haz que todo lo que te ha pasado te sirva para madurar, para aprender a tomar decisiones en momentos difíciles y para que, si alguna vez se repite una situación difícil, sea tu experiencia la que te ayude a sacar esos sentimientos que aún no han aflorado.

Te repito, **tómate tu tiempo, no te apresures**. Piensa en lo que te estoy diciendo, para que cuando te haga falta sepas qué puedes hacer, pues en ese momento te sentirás vacío, destrozado y solo.

Ese es el ritmo de la maduración y cada uno tiene el suyo. No te precipites, pero tampoco te duermas; solo has de saber que nuestra mente es tan increíble, que hace que nuestro cuerpo se adapte y se recupere de muchas circunstancias.

Nuestro pasado como dificultad para el cambio

Hasta ahora hemos estado viendo cómo el hecho de cambiar nuestros pensamientos puede conducirnos a la felicidad e influir positiva-mente en nuestro entorno, pero ¿por qué, aun sabiendo todo lo bueno que podemos obtener con este cambio, nos cuesta tanto y seguimos siendo tan infelices?

Es posible que a veces te preguntes:
"¿Por qué actualmente sufro tanto?"
"¿Qué me ocurre que me cuesta tanto supe-rarlo?"
"¿Por qué se me oprime el estómago?"

Una de las posibles causas puede estar en nuestro pasado.

Hoy experimentamos en nuestra vida el re-sultado de nuestros pensamientos del pasado. Hoy somos el producto de lo que pensamos ayer. No podemos pretender eliminar por com-pleto lo acontecido anteriormente, pero no debemos dejar que nuestro presente y nuestro futuro sean controlados por nuestro pasado. Eso, lo sabes, podemos cambiarlo.

La grandeza, tu grandeza, está en sacar pro-vecho y aprender de lo que pasó, y aquello que no te gustó, no dejar que vuelva a pasar.

Empieza a elaborar tus nuevos sueños o haz aflorar aquellos que creíste perdidos. No mires tu pasado. Pensar y apoyarse en él trae alteraciones en tus emociones. Estar pensando en situaciones como "no tenía que haberlo hecho", "no tenía que haber ido", incrementa sentimientos de culpabilidad y te hace ser más negativo, el pasado utilízalo solo para sacar aquellas lecciones que aprendiste.

Cambia de actitud y cambia "el chip".

Recuerda que el pasado ya pasó, pero el futuro depende de lo que decidas hoy.

Lo que viene siempre es más importante que lo que se fue. Deja de vivir del pasado: vive el ahora, disfruta el nuevo día. Eso es lo único que existe: el ahora.

Las cosas hay que disfrutarlas mientras duren, pues gracias a lo que disfruto y experimento hoy, así seré mañana. Yo soy el que soy, y tú eres el que eres, por la actitud que tomamos ante todo lo bueno y lo malo que hemos vivido.

En un pueblo al sur de Francia había una casa donde vivía un hombre llamado Manuel.

Tenía una familia y un trabajo, ese hombre podía ser feliz, pero algo pasaba que no lo dejaba en paz.

Decidió acudir a los mejores médicos del mundo. Al ver que no encontraba mejoría, decidió buscar ayuda con los mejores sabios de aquel país, pero nada funcionaba. A medida que pasaba el tiempo, se sentía más y más triste, parecía que la enfermedad avanzaba sin remedio.

Su mujer y sus hijos estaban muy preocupados. Cada día al marchar al colegio, lo abrazaban y lo besaban, pero él no respondía. Su esposa no sabía qué hacer, le hablaba y lo animaba a seguir adelante.

Un día, de camino al trabajo sentado en su coche, mientras conducía, descubrió algo muy importante. El espejo retrovisor era mucho más pequeño que la luna frontal del coche.

En eso descubrió que su pasado era como el espejo retrovisor pequeño, solo recuerdos, lo paralizaba y no lo dejaba avanzar ni disfrutar del presente.

La luna frontal del coche es el ahora, es tu momento, es a lo que debes de ponerle mayor atención.

En aquellos momentos, su vida cambió radicalmente.

El pasado, bueno o malo, pasado está. Saborea el presente, pues es la antesala del futuro.

Desde aquel momento, Manuel disfrutó de los abrazos de sus hijos, de las buenas conversaciones, de la brisa, del canto de los pájaros y de todo lo que le rodaba. Hay momentos en la vida en los que es importante mirar solo para adelante, detrás hay cosas bellas o momentos inolvidables, pero también aferrarnos a esos recuerdos puede convertirlos en nuestra pesadilla.

Por eso te propongo un ejercicio, cada mañana cuando te levantes, repítete a ti mismo: **solo por hoy voy a vivir el presente.**

Siempre es posible empezar a reescribir nuestra historia.

Lo mismo sucede en tu vida. Que el pasado, lo que vas dejando atrás, solo te sirva para aprender y rectificar cosas. Saca provecho de todo lo que te sucede: si no le sacas provecho y no obtienes ningún tipo de enseñanza, es muy probable que te vuelva a suceder.

No guardes rencor. Lo que guardes es lo que hay en ti.

No te atormentes más pensando en quién te hirió.

No llores por lo que has perdido, porque mientras lo haces no ves tus sueños.

Sacúdete aquello que no te gusta, apártate de aquello que no te da vida. ¡Cambia ya! Hazlo por ti, no puedes seguir viviendo así.

Prepárate física y emocionalmente para que no te ocurra de nuevo.

Piensa que si no haces nada, poco a poco te vas a ir quedando con todo aquello que no quieres y que no necesitas. Nadie va a llamar a tu puerta para darte lo que es bueno para ti, el trabajo es tuyo y solo tuyo.

Puedes estar dolido, pero no destruido. Mientras estés vivo tienes otra oportunidad, hay otra posibilidad, no la desperdicies, es para ti.

Toma mis palabras como un desafío para cambiar, para comenzar. No esperes más.

Como te decía antes: nadie va a venir a solucionarte las cosas.

Sé positivo y piensa en todo lo que puedes hacer, no te pongas límites. No pienses en lo que has perdido, en lo que te han quitado, o en los problemas, ¡abre tu mente y amplía tu perspectiva!

Cada día es una nueva oportunidad, no la pierdas: desempolva tus sueños, despierta esas ilusiones que fueron enterradas por los desengaños y el tiempo.

No hay nada escrito sobre que se prohíban las segundas, las terceras o las décimas oportunidades. Siempre puede haber un momento más para ser feliz.

Hoy es un nuevo día.

Comienza a partir de ahora a no lamentarte más, o a no sentirte víctima de aquello que no fue bien. Puede que en el pasado hayas sufrido mucho, pero hoy no tiene por qué ser así, no tiene por qué repetirse.

Busca tu montaña

Muchas personas van en busca de algo que les motive o de la montaña donde encontrar la felicidad. Otros han oído hablar de que para encontrar el autoconocimiento y la felicidad debes de dejar lo que tienes.

En el autoconocimiento, se dice que para crecer tienes que alejarte de la realidad, tomar distancia de ese punto donde te encuentras perdido y darte tiempo para poder reflexionar y atesorar una visión distinta. Eso es a lo que llamamos "peregrinar a la montaña".

La montaña no siempre tiene por qué ser un lugar, puede ser una persona. Todos tenemos una montaña que nos ayuda a reflexionar o meditar sobre nuestra vida.

Algunas pautas para elegir bien "tu montaña" son:

ten cuidado en quién depositas la confianza, pues puedes equivocarte. Y para saber si has hecho una buena elección, solo tienes que ver cómo va tu vida, la armonía que tienes. No solo en tu entorno más cercano, sino en todos los ámbitos de tu vida, como sentimental y económico. Todo esto te dará una ligera idea de cómo es esa montaña a la que te has arrimado.

A veces buscamos una "supermontaña" y no le hacemos caso a una pequeña que está a nuestro lado, porque pensamos que no va a poder ayudarnos en nuestro crecimiento personal.

Por muy pequeña que esta sea, siempre te puede ayudar a ver las cosas desde otra perspectiva.

No todas las montañas son ni pueden ser definitivas. Tienes que aprender a hacer las cosas por ti mismo. Aunque tu montaña te ayude o te motive, no debes arrimarte a ella y vivir a sus expensas, tienes que crecer por ti mismo.

Y quién sabe, tal vez después de un crecimiento te transformes tú también en montaña.

Crece en tu interior, para que te conviertas en la montaña que todos buscamos.

Recuerda:

La acción constante de cuidar tus pensamientos es la que te va a premiar con conocimiento, paciencia y sabiduría.

Una actitud de paz, de calma, de tranquilidad de espíritu, es casi siempre fruto del autoconocimiento, y este va de la mano de la felicidad.

4
PREPÁRATE PARA SUPERAR TUS LIMITACIONES

Un niño que fue a mirar los ensayos de un circo quedó verdaderamente sorprendido cuando vio al majestuoso e increíble elefante.

Lo tenían atado a una estaca, con una cuerda en una de sus patas. El niño no entendía cómo un animal tan grande no se escapaba, al estar amarrado con una simple cuerda, así que se acercó al domador y le preguntó:

–*¿Cómo siendo tan fuerte, el elefante no se escapa de esa pequeña estaca?*

El domador le contestó:

–*El elefante lleva así toda su vida. Fue amarrado a la estaca desde que nació. Al principio buscaba cómo soltarse, pero no podía porque aún era muy pequeño y todavía no tenía fuerza suficiente. Pero todos los días lo intentaba, hasta que se cansó, aceptó su impotencia y dejó de hacerlo. Desde entonces él tiene grabado ese recuerdo.*

Así como el elefante del circo, hay personas que consideran la derrota como algo permanente.

Recuerda que el rumbo de nuestras vidas está dirigido por el contenido de nuestros pensamientos, de nuestras palabras.

Tus pensamientos marcan la diferencia de tu camino y marcan el punto en que quieres estar, si en el miedo o en la felicidad.

Luchar por algo te mantiene vivo, y cuanto más interés e ilusión pongas, más capaz serás de aguantar los posibles inconvenientes del camino.

Podremos ver la luz en cuanto nos quitemos esa carga, ese lastre que nos nubla y no nos deja avanzar.

No escuches esas limitaciones que dicen:

"No vas a poder".

"Ahí solo llegan unos pocos".

Tú, y solo tú, eres quien decide lo que estás dispuesto a alcanzar, esas limitaciones te las pones tú. Aunque creas que has llegado al límite de tu capacidad, no es cierto, ten por seguro que siempre se puede ir más allá. Prepara una ruta diferente, alimenta tu autoestima, no te quedes parado y sobre todo no esperes a que el tiempo lo solucione por sí solo.

Haz oídos sordos a tu voz negativa

Antes veíamos cómo cada persona tiene una voz positiva y otra negativa.

Esa voz negativa la oirás de muchas formas: como un susurro, como una orden, como un pensamiento, como una sugerencia, como una indicación, como un recordatorio. Siempre buscará la manera de generar algún efecto en ti, para conseguir aquello que es contrario a tus intereses.

No dejes que te hunda, no la escuches, no permitas que te haga sentir culpable de todo lo malo que sucede a tu alrededor. Has de estar alerta, porque te puede destruir. Pero no creas que lo hace inmediatamente. ¡No!, te va destruyendo despacio, con cada palabra, día a día.

La noticia no fue nada de agradable cuando me enteré que a una buena amiga le habían encontrado un tumor maligno en el pecho. Leila, tenía tan solo 35 años, se había pasado la vida temiendo tener un cáncer de pecho. Su sorpresa fue realmente descubrir que ese temor se había hecho realidad.

Tan solo dos años atrás se había hecho una inseminación artificial ya que no conseguía quedar embarazada. Después de dos intentos, lo consiguió. Al cabo de nueve meses fue madre de dos mellizos, un niño y una niña. En ese momento se sentía feliz, pero Leila no era una persona que habitualmente tuviera pensamientos positivos. El tener aquellos preciosos hijos le hizo desviar durante un tiempo sus pensamientos de miedo del tema del tumor.

Ahora sus miedos iban enfocados a que no les pasara nada a sus pequeños. Durante el embarazo casi no podía dormir pensando si sus niños estarían bien. Una vez habían nacido, su miedo pasó a ser las posibles enfermedades que podían tener.

En cualquier caso todo esto la despistaba de aquel miedo que había durado tantos años. El día que el médico le dijo que tenía que hacerse una biopsia para averiguar si aquel bulto que le detectaba en el pecho era maligno, Leila supo en seguida que sí lo era, dado que ese había sido su miedo toda la vida.

Apareció en mis sesiones con la intención de solucionar este tema, por supuesto no se refería al tumor, sino a sus pensamientos. Tenía claro que su futuro o el de sus hijos dependía de lo que hoy pensara, y no quería volver a fastidiarlo todo con eso.

Trabajamos constantemente y conseguimos que su mente trabajara a su favor, ya que la mente es una herramienta muy potente y puede generar cambios físicos en nuestro cuerpo.

Tenía que tener claro y estar totalmente convencida de que todo estaba bien, le expliqué cómo evitar la aparición de esos pensamientos y cómo hacer que el pensamiento positivo neutralice el negativo (te lo voy a detallar en uno de los capítulos siguientes).

Aquello que le estaba pasando no era más que una "lección" que debía aprender, "lo que siembras es lo que recoges".

Sus hijos estaban sanos y nada les tenía que pasar. Como todos los niños, se pondrían enfermos y se harían daño, pero eso sería normal. Ella lucharía contra su enfermedad de manera positiva y contenta de haberse dado cuenta, a tiempo, de su necesidad de cambiar sus pensamientos.

Leila luchó y consiguió solucionar sus miedos.

Recuerda que los miedos no existen, están simplemente en tus pensamientos.

Ella fue enfrentándose a todos y a cada uno de ellos. Hoy, sus pequeños ya tienen 14 años, y ella está feliz y hace mucho tiempo que le dieron el alta médica. Para ella fue una lección. Trabaja de voluntaria en sus ratos libres, en el hospital de la ciudad, para ayudar a las mujeres con tumores a luchar contra su enfermedad.

Durante todos esos años no se había dado cuenta de cómo esa negatividad se había ido apoderando de su vida.

Así como a Leila, el pensamiento negativo: primero te quita confianza, generándote duda; luego, esa duda te genera inseguridad. Poco a poco tu autoestima se resiente y, a veces, no eres capaz ni de actuar como te gustaría.

Con el tiempo, te sientes inseguro y triste, por lo que no te apetece hacer cosas, hasta que esa voz negativa llega a convencerte de que estás destinado a vivir como vives, te lleva a la resignación, a no luchar y a vivir en un mundo de penurias.

No se lo permitas, sé consciente de ello, escucha y alimenta tu voz positiva, esa que te dice: "¡Inténtalo, esta vez puede ser, no abandones, tú puedes lograrlo!".

Aunque te parezca que las voces negativas se oyen más alto, y con más fuerza, no es así.

Es posible que estés alimentándote con decenas de voces positivas y que de repente aparezca sin aviso una negativa.

No te preocupes, y no te olvides que esa única voz se escuchará más alta que todas las otras positivas juntas. Tú simplemente continúa hacia delante con tu vida.

Imagina que esa voz es como cuando vas por la calle y te encuentras un árbol en tu camino: tú lo ves y lo esquivas para no chocar, sabes que está ahí y de ti depende evitarlo o no.

Lo mismo ocurre con las voces negativas, de ti depende evitarlas o no.

Piensa en lo que quieres y haz que tu diálogo interior sea eso que de verdad quieres.

Si solo tienes un pensamiento positivo, el poder de este será eso, un solo pensamiento. Mil frases o pensamientos tendrán mucho más poder en ti, cuanto más aumentes ese poder, más seguro te sentirás, más confiado y por lo tanto, más proyectos lograrás. Poco a poco te darás cuenta de que te sientes mucho mejor emocional y espiritualmente.

Recuerda:

Después de la noche viene el día, después de una voz positiva puede haber una negativa, pero "hazte adicto" a la buena actitud del "yo puedo".

Siembra la semilla del "yo puedo"

Ahora quiero que te dirijas a tu voz negativa y le digas:

–*"He sembrado una semilla que se llama ¡yo puedo!"*.

–*"Voy a sembrar otra semilla que se llama ¡yo quiero!"*.

Siembra una nueva semilla en ti y cuídala. Con cada palabra o frase positiva que tengas crearás cosas positivas.

En tu mente crecerá aquello que siembres; si dejas crecer maleza o malas hierbas, eso es lo que recogerás.

Siembra cosas maravillosas, útiles y provechosas, como el amor y la alegría de vivir, y disfrutarás recogiendo sus frutos. Empieza encendiendo esa llama del "yo puedo", animándote a ti mismo. Así se empieza. ¡Tú puedes!

Alimenta tu autoestima

Hay muchas personas que no están contentas con su cuerpo, con su peso, con su cabello, con sus piernas, con sus brazos, pero, cuando aprenden a quererse, se dan cuenta de que su vida empieza a cambiar.

Quererte verdaderamente no permitirá en la mayor parte de los casos, por ejemplo, que aumentes de peso más del que debes (esto es aplicable antes de empezar a subir y si no hay una enfermedad que lo provoque). Tampoco te verás poco atractivo porque te gustarás como eres y harás cosas para gustarte aún más.

Si te quieres tal y como eres, no permitirás que nada destroce tu autoestima. El querernos de verdad es la base, en la mayor parte, de nuestro equilibrio.

Si observamos detenidamente el trato hacia los niños, veremos cómo se les critica de muchas formas, se les hace ver que no valen, que todo lo hacen mal, que no están preparados para nada.

Por supuesto, no todas las personas que han de educar a un niño saben cómo hacerlo y en algunos casos tampoco se preocupan de aprender esas pautas de educación, y sin darse cuenta destrozan su mayor potencial para tener éxito en la vida: su autoestima.

Con los años, esos niños recordarán cualquier fracaso y lo percibirán como consecuencia de esa ineptitud que les hicieron sentir o creer en su infancia. Cuando somos niños damos autoridad a nuestros mayores, ya sean los padres, familiares o profesores. Si ellos nos dicen que no valemos, nosotros nos lo creemos y cuando somos adultos seguimos con esa emoción instalada en nosotros.

La inseguridad, la falta de autoestima, bloquea cualquier paso que desees dar y te da la sensación de no ser el dueño de tu vida.

¿Entiendes ahora por qué muchas veces nos hundimos, nos cuesta tanto salir y no vemos la luz por ningún lugar?

Tenemos que alimentar nuestra autoestima. Tenemos que desprendernos de esas culpas y eliminar esas autoridades de la infancia.

Ahora tú, y solo tú, puedes hacerlo. Solo tienes que cambiar tus pensamientos, y cambiarás tu vida.

Descubre cuál es tu potencial

En uno de mis viajes por Norteamérica conocí a una mujer, hija de un escritor, que de pequeña se pasaba horas y horas escribiendo cuentos en su habitación.

Ana era muy romántica para su edad y le gustaba escribir historias de amor, algunas de ellas incluso con un final triste.

Estos cuentos no se los mostraba a nadie. Un día, escribió una historia que le gustó especialmente, trataba de una adolescente que conocía a un chico en su instituto y del que se enamoraba locamente. El chaval, que era hijo de una familia rica, tenía inculcado que a su edad debía dedicarse a estudiar y sacar buenas notas, así que no quería tener novia y por lo tanto la historia de Ana acababa muy mal, el chico no quería nada con ella y la chica muere de pena, por amor.

El cuento le había quedado muy bien escrito, o por lo menos eso era lo que ella creía.

Toda orgullosa, a pesar de sus miedos, decidió mostrárselo a su padre. Este, que tenía mucho trabajo, se dedicaba a hacer libros: tenía que decidir qué autores, los temas de interés, diseño, costes, distribución, etc.

Eran largas jornadas y cuando llegaba a casa, aparte de revisar las cuentas o solucionar con su mujer temas de sus hijos o de los estudios de ellos, tenía que corregir hasta altas horas de la noche ya que la editorial donde entregaba las novelas de bolsillo le exigía un mínimo cada 15 días.

Leyó el escrito de Ana rápidamente y casi sin mirarla le dijo que este tipo de cuento no tenía ningún futuro, esas historias romanticonas no llegaban a ninguna parte y la gente ya no quería leer ese tipo de novelas.

Ella se sintió tan dolida e inferior por la opinión de su padre, el experto, que no volvió a escribir nunca más. Con los años se dio cuenta de que lo único que había intentado su padre con ese comentario era marcarle un camino que le sirviera en la vida, y aunque la responsabilidad era solo de ella, Ana había elegido no volver a escribir.

A pesar de que tenía potencial, su actitud de no intentar aprender o solucionar su acción, la llevó a otros caminos. Años más tarde, una de sus hijas encontró varias de sus historias y le parecieron fascinantes y llenas de amor y pasión. Con la ayuda de varios amigos las publicó, resultando ser uno de los libros de mayor impacto tanto en contenido como en ventas.

Ana lo sabía, pero tuvo un obstáculo en su vida. Actualmente, reconfortada por el resultado, está empezando a escribir maravillosas

163

historias de amor donde enseña a luchar por lo que verdaderamente sueñas y amas.

Todos tenemos un enorme potencial para llegar a ser lo que hemos soñado, pero nuestro sueño se verá obstaculizado si le faltan pensamientos, actitudes y acciones positivas, pues estas son las que van a allanar el camino.

La mayor parte de las personas no sabemos de lo que somos capaces hasta que nos llega la necesidad o nos sentimos presionados. Nos adaptamos a lo fácil, a lo conocido, a eso que se le llama *la zona de confort*.

Muchos piensan que ya se les pasó el tiempo de soñar, de poner en marcha nuevos proyectos. Con el tiempo, su vida se vuelve oscura y sin sentido.

Ahora es el momento de buscar nuevos horizontes, nuevos objetivos y desafíos. Tu capacidad va mucho más allá de lo que imaginas. No te resignes con lo que crees que tiene que ser, ten valor de soñar, a lo grande.

Es el momento de que te deshagas de tus escasas expectativas y te quites las creencias que te limitan:

"Ya he llegado al máximo".

"Ya no sé qué más puedo hacer".

"A todos los que me rodean les va mejor que a mí".

Esa es una mentalidad de fracaso, de derrota.

Lo que hayas pasado o hayas sido hasta el día de hoy no tiene por qué impedir tu avance. Si estás pasando por miedos, indecisiones o sufrimientos, tú y solo tú puedes cambiarlo y alcanzar el camino de la felicidad. Y lo puedes conseguir ya que tienes la opción de elegir lo que quieres.

Si en algún momento de tu vida te sentiste poco valorado, alguien te humilló o dudó de tu capacidad, esto no debe cambiar para nada tu gran potencial, ya que todo está en ti. No des valor a una crítica, no te la tomes personalmente.

Tú tienes el potencial que necesitas. Piensa en una moto en la que un industrial ha puesto toda la potencia posible a la hora de fabricarla. Si después tú decides conducir esa moto despacio, eso no quiere decir que estés aprovechando toda su capacidad.

El potencial de la moto no disminuye si lo dejas de utilizar, y el que tú vayas despacio no quiere decir que no tenga más potencia.

Lo mismo ocurre contigo: el que estés dedicado a algunas cosas en vez de a otras no implica que estés aprovechando todo tu potencial.

En ti está todo lo que necesitas para hacer realidad tus sueños. Búscalo, foméntalo, y conviértelo en productivo. No importa cuántas veces hayas fallado. Vuelve a intentarlo, no te conformes. Entiende que lo que hay dentro de ti es único, y que todos podemos hacerlo, aunque a unos nos cueste más que a otros, pero podemos.

¿Quién ha dicho que no puedes ser un genio?

Cuando estudiábamos los descubrimientos en el colegio, pensábamos que el autor era un "genio"; en otras ocasiones alguien nos habla de propietarios de grandes empresas con mucho éxito y pensamos que son personas brillantes, o leemos un libro que nos ha gustado mucho y nos parece que su escritor es único.

Primero y ante todo, hemos de tener muy claro que podrán ser todo lo maravillosos que creamos, pero la realidad es que eso no ha sucedido de un día para otro, sino que ha sido el fruto de un camino, de esfuerzo, de años de trabajo.

Esta idea de "genios" que nos anteponemos nos bloquea y nos hace preguntarnos "¿sería capaz de hacerlo yo?" Cuando lo correcto es "¿cómo puedo hacerlo?", "¿por dónde empiezo?"

La clave, principalmente, está en abrir tu mente, en mirar hacia lo nuevo. No te pongas una etiqueta, amplía tus horizontes, tus perspectivas. Cuando empezamos a dirigir y educar nuestros pensamientos correctamente es cuando comienza el camino hacia nuestro éxito.

En esta vida puedes hacerte experto en todo aquello que te propongas, no lo dudes, solo hace falta constancia y conocimientos. Es una cuestión de actitud, lo que sabes que no sabes puedes aprenderlo, tú puedes conseguir tus propias metas.

Piensa en que todo es posible. Si los demás han podido, tú también puedes. Da igual lo que tardes en conseguirlo, tampoco te compares con los demás, solo tienes que pensar que tienes el potencial para lograrlo.

Supérate a ti mismo

Es muy importante distinguir entre la superación personal y la superación a los demás.

Superarte a ti mismo es un arte, es la búsqueda de un equilibrio, es crecer, es la transformación y el desarrollo para adquirir aquello que deseas, tus sueños. Sin embargo, superar a los demás es estar en constante comparación, cosa que no nos podemos permitir ya que somos únicos y como tales somos incomparables.

Tus éxitos serán los que tú te marques

El éxito no es más que aquello que te complace, aquello que te llena. Por eso es tan importante el autoconocimiento, ya que cuando te conoces alcanzas el éxito, porque sabes lo que te alimenta y te llena.

Algunas personas, sin darse cuenta, se preparan para la derrota; otras, para la supervivencia, y otras, para el éxito.

Es bastante sencillo y lógico: aquel que desee una vida fácil, tiene que sacrificarse de forma fácil; aquel que quiera conseguir cosas grandes, ha de invertir a lo grande.

Nunca dejes de tener sueños y metas. Son el camino de tu vida. Cuando te los impones, el camino por lograrlas te mantiene con vida. Ten siempre metas para vivir mejor, para que tus relaciones sigan vivas, para que siempre estés sonriente, para que estés feliz con tu entorno.

Es importante marcarse metas y tener los propósitos bien definidos. Si no los defines puedes pasar a ser víctima del miedo y de la duda, y perderás calidad de vida, tanto física como mental. Si no lo crees, solo deja pasar el tiempo y te darás cuenta de ello.

Cuando la duda se instala en tu mente, en tu vida, detrás de una vendrán otra, y otra, y otra, y así hasta acabar causándote inseguridad. Eleva tu forma de pensar, dale alegría, positividad, y verifica que estás haciendo lo correcto para alcanzar lo que deseas.

Hace un tiempo, un buen amigo, licenciado en economía, que trabajaba de director financiero en una multinacional, decidió que no quería seguir haciendo lo mismo durante el resto de su vida, sentía que no le aportaba nada.

Así que, a principios del mes de marzo llegó a su despacho, llamó a su secretaria y tranquilamente y casi sin inmutarse le dictó una carta, comunicando su dimisión oficial. Aquel día mi buen amigo estaba dejando su trabajo.

Totalmente seguro de lo que estaba haciendo, guardó sus cosas, se despidió de su gente, les deseó mucha suerte y salió por la misma puerta por la que había entrado año tras año.

No había avisado a su familia que se disponía a realizar esta acción. Claudia, su mujer no entendió nada, se enojó muchísimo por no haber contado con ella para tomar esta decisión. Él se aferraba a que sabía perfectamente que hacía mucho tiempo que no era feliz en su trabajo. Ella, al poco tiempo le abandonó. Según cuenta él, ocurrió cuando dejó de tener buenos ingresos, su calidad de vida bajó drásticamente y ella no soportó dicha situación.

Mi amigo tuvo que dejar el piso donde vivía y trasladarse a otro más sencillo, se pasaba el día estudiando, formándose y preparándose para la vida que había soñado.

Tardó un tiempo, tuvo que leer muchos libros, hacer muchas horas de prácticas, pero llegó a conseguir lo que había deseado, ser terapeuta emocional y dedicarse a ayudar a las personas a vaciar sus mochilas de emociones enquistadas y pesadas.

Ha escrito varios libros, y hoy en día enseña a profesionales nuevas técnicas para el abordaje de ataques de pánico, miedos, etc.; en resumen, hace lo que soñó.

En uno de sus seminarios conoció a una mujer que tenía las mismas inquietudes que él y comparten sueños, ilusiones y vida.

El no arriesgar nunca te genera inquietud, y al mismo tiempo estás alimentando tu pensamiento de que todo te va a salir mal. Esa inseguridad acaba convirtiéndose en parte de ti, se instala en ti y hará que cualquier desafío te genere miedo. Estamos, constantemente, poniéndonos obstáculos que no nos dejan crecer.

Si te sientes débil y crees que no estás preparado, lo que debes hacer es fortalecer constantemente los pensamientos positivos con más pensamientos positivos; concentrarte en realizar todas las tareas que te propongas para conseguir el cambio que deseas.

Márcate una meta, el límite que te pongas dependerá solo de ti, de tus creencias y tus pensamientos.

El propulsor del pensamiento es el propio pensamiento, y las tareas y propósitos que te marcas. Cuanto más positivos sean tus pensamientos, mayores serán tus logros y más prolongados tus éxitos.

Mantente firme en tus sueños y en tus metas, no escuches a los destructores de sueños, y aliméntalos con pensamientos de logro. Así construirás el camino que tanto deseas.

Confía en ti, y date fuerzas para derribar los obstáculos. Pon la mirada en tus sueños y ve por ellos. No te olvides de que puedes soñar a lo grande.

Si piensas en grande y haces cosas a lo grande, conseguirás cosas grandes.

Tú tienes todo lo necesario para alcanzar lo que deseas, está en tu interior. La entrega, el interés, las ganas, el esfuerzo, el deseo, las intenciones, la fuerza de tu ser, la fe... Todo, absolutamente todo, es importante para alcanzar aquello que deseas.

Cuando digo fe, me refiero a creer en uno mismo, a la esperanza y a la confianza en nosotros. No dudes: ten fe en ti, por lo menos en ti.

Si crees en ti, los caminos se abren solos, es como una fuerza que va por delante de ti. Piénsalo y te darás cuenta de lo que te estoy diciendo. Busca lo bueno que hay en ti, poténcialo, hazlo vibrar y verás cómo se cumplen tus sueños.

No te dejes llevar por la corriente

Hasta ahora te he hablado de las limitaciones que nos ponemos nosotros mismos cuando queremos alcanzar nuestras metas.

¿Pero qué ocurre cuando esos límites te vienen impuestos por la sociedad, o por la fuerza de la costumbre?, porque conseguir tus metas a veces implica "ir contracorriente".

Vivamos donde vivamos, lo hacemos según unas pautas de convivencia que nos marca el sistema.

Preparar un plan de lo que vas a hacer en cualquier área de tu vida implica que tienes unos límites y tienes que adaptarte al sistema. Tu estrategia y tus habilidades determinarán lo que consigas.

Muchas veces las cosas las damos por hechas, por sabidas, simplemente porque así han sido siempre.

La fuerza de la costumbre limita nuestros avances, nuestras vidas.

Muchas veces aceptamos, inconscientemente, reglas y las mantenemos siempre, simplemente no nos paramos a pensar si han cambiado o podemos cambiarlas.

Para recobrar el control, aparte de nuestros pensamientos, también hay que cambiar nuestros hábitos y nuestras acciones.

Analiza las cosas que te han impuesto y cámbialas, no dejes que te frenen. Ya sé que no es sencillo, pero no habrá cambio hasta que no decidas empezar.

No hagas caso a quien te diga que no puedes

No creas cuando alguien te dice que tus sueños o tus metas son imposibles de conseguir, que no vales o que vas a perder el tiempo. No permitas que esas palabras te afecten y bloqueen tu camino. No dejes que te limiten, no olvides tu gran potencial.

En ocasiones las personas que te limitan son las más cercanas a ti: tu padre, tu madre, hermanos, profesores, amigos. Lo hacen sin mala intención, intentan protegerte de un fracaso, pero ese miedo es el de ellos, no es tu miedo. Ya sabes que tienes una gran capacidad y que vas a conseguirlo, estás preparado para salir adelante.

No todos estamos educados o preparados para controlar esos comentarios. De hecho, puede suceder que cuando no tienes una buena base en tus pensamientos, en tus acciones, diriges tus quejas hacia los demás, responsabilizándolos de cómo te va en la vida, apoyándote en ellos para justificar tu fracaso.

175

Pero tú, como todo ser humano, tienes el potencial. Puedes lograrlo, no permitas que los malos pensamientos te arrastren a obtener malos resultados.

Tú y solo tú eres el que decide lo que estás dispuesto a alcanzar.

Tampoco te aflijas cuando te propongas hacer un cambio en ti y te digan que eso sería un milagro. Se dice que para que se produzca un milagro, debe ocurrir algo que antes se tenía por imposible. Cuando cambias tus pensamientos, y lo haces desde lo más profundo de tu ser, con una verdad absoluta, entonces habrás provocado en ti "el milagro".

Créeme: merece la pena luchar por lo que crees. Tus convicciones eliminarán cualquier impedimento, si realmente estás convencido.

Puede que los demás no sepan exactamente lo que piensas, pero sí pueden saber cómo piensas. Bastará con que se fijen en tu vida y en tus acciones, ya que estas son el resultado de tu actitud, y tu actitud es el resultado de la forma en que piensas.

Recuerda:

Lucha por todo aquello en lo que crees, no te distraigas. Si de verdad crees que ese algo le da sentido a tu vida, ve tras ello.

Reconocer tus temores es un avance, enfrentarte a ellos es una oportunidad de crecimiento, y hacer algo para vencerlos es el cambio en tu existencia.

Potencia tu autoestima. La confianza en ti moverá montañas, alejará los miedos y conseguirás más fácilmente tus objetivos. Lucha por todo aquello que creas desafiando cualquier contratiempo.

5
UN PASITO HACIA LA FELICIDAD

Paremos un momento, déjame plantearte una sencilla prueba. Piensa en una situación que te haya hecho sentir feliz con gente a tu lado. Piénsalo bien...

Es casi seguro que has visualizado personas sonriendo, ya que la felicidad se asocia a esa expresión, pero no siempre tiene por qué ser así.

En mi caso, por ejemplo, me siento muy feliz disfrutando de la paz de leer un libro, o de un paseo por la playa o por un parque, ayudando a personas que lo necesiten, también disfruto de una buena comida y una sobremesa con los amigos... Yo me siento muy bien así.

¿Por qué creemos que cuesta tanto ser feliz?
Muchas personas argumentan que su falta de felicidad se debe a las dificultades de la vida,

aquellas dificultades que no ven como oportunidades para crecer y aprender.

Otros piensan que la felicidad está muy lejos de la realidad y no se dan cuenta de que son ellos los que han elaborado esa falsa realidad. También hay quien piensa que estamos aquí para sufrir, que nuestro paso por este mundo es solo una transición y que al morir llegaremos a una felicidad plena.

Pero yo pienso que la vida está para vivirla, para disfrutarla, y sentir en todo momento que ser feliz es una cuestión de actitud.

El dinero y el éxito no aseguran la felicidad

Quiero compartir contigo la historia de mi amigo Antonio, un hombre de mediana edad, emprendedor y muy organizado en todo a lo que su vida se refería. Casado y padre de una familia numerosa, todo en su entorno estaba guiado por el orden y las reglas que marcaba la sociedad.

Vivía en un pueblo de la provincia de Teruel. Mi amigo siempre estaba buscando qué hacer, dónde emprender y de dónde conseguir más ingresos que los que ya conseguía con su trabajo de funcionario de correos en su pueblito. Este puesto le permitía horas libres para poder hacer otras cosas.

Un día, mientras se tomaba un café en el bar, encontró a su vecino Bruno. Este era campesino, vivía en una humilde casa del mismo lugar. Estaba casado y tenía una preciosa hija de 16 años. Por esas fechas Bruno y su mujer estaban aprovechando la edad avanzada de su chica para disfrutar un poco más de la vida en pareja.

Antonio observó que en la puerta del bar se encontraba el pequeño camión de su amigo, cargado con piñas, y al entrar se sentó a su lado para chalar un rato.

–*¿Cuándo vas a ir a buscar más piñas?* –le preguntó.

–*De momento no voy a ir más* –le contestó.

–*Pero, ¡si había muchísimas en la arboleda! Yo las he visto* –dijo Antonio.

–*Ya he recolectado bastante y tengo las que necesito. ¿Para qué iba a ir por más?*

–¿Y por qué no recolectas más de lo que necesitas?

–¿Y qué voy a hacer con ellas? –insistió Bruno.

Antonio le respondió con mucho interés:

–Pues más dinero. Así podrías comprar un camión grande y contratar personas para que trabajen contigo; ganarías lo suficiente para comprar varios camiones, e incluso tener tu propia empresa.

–¿Y qué voy a hacer con todo eso? –replicó el vecino.

–Serías muy rico. Así podrías sentarte a disfrutar de la vida y salir con tu mujer.

Bruno soltó una carcajada y le rebatió:

–¿Y qué crees que estoy haciendo en este preciso momento? ¡Yo disfruto de la vida, Antonio, y no necesito complicarla con nada más, soy feliz!

Dicen que el dinero no te da la felicidad, pero no nos engañemos, ayuda. Tanto, que con dinero en el bolsillo se es atractivo, inteligente ¡y hasta se puede cantar bien!

Ese el mensaje que, por desgracia, recibimos cada día en la sociedad que vivimos. Sin embargo, el dinero no da la felicidad. Al contrario, es posible que te provoque deseos de querer "tener" más, tanto como aquellos que tienen mucho y viven rodeados de lujos y comodidades, y eso solo puede llevar a dos cosas: la insatisfacción por no poder conseguirlo, o egoísmo por haber alcanzado lo que otros no pueden.

Nuestras relaciones interpersonales, e incluso nuestra salud, pueden sufrir a causa del dinero, y puede convertirlas en nuestro peor enemigo: divide a familias, amigos, empresas, naciones, creando resentimientos y envidias, incluso, en casos extremos, convirtiéndonos en blanco para secuestros o asesinatos.

Es decir, podemos llegar a ser esclavos de nuestra fortuna, que a menudo nos suele conducir a la decadencia moral, sin importar lo que hagamos o provoquemos.

Muchos catalogan el dinero como un medidor de éxito en la sociedad, de poder, aunque la forma en que nos vinculamos con él determina nuestros valores y, por tanto, el lugar que le damos en nuestras vidas.

Si verdaderamente buscas la felicidad, no necesariamente tiene que dártela el dinero. Evidentemente, ayuda, da estabilidad a tu vida cotidiana. Pero lo que nunca debes pensar es que, si no tienes dinero, no puedes alcanzar la felicidad.

Hay que saber tener dinero, estar en constante proceso de control, tanto físico, por el esfuerzo que supone ganarlo, como mental, para saber sobrellevarlo.

Como dice el refrán: «Al pobre le faltan muchas cosas, pero al avaro le faltan todas».

El secreto está en buscar un término medio, sin importar si tienes mucho o poco.

Es más rico aquel que disfruta con lo que tiene y sabe pedirle a la vida lo que justamente la vida le puede dar, esa una de las claves.

A veces pedimos cosas que no corresponden, que son excesivas o que van más allá de nuestras capacidades o posibilidades, incluso que pueden afectar a terceros.

La vida te da muchas opciones y oportunidades para ser feliz. Por ejemplo, hay personas que son felices brindando apoyo a quien lo necesita. El poder ayudar a los demás es un lujo y un privilegio del que no todos son poseedores, y eso no tiene precio.

Hay otras muchas cosas que no tienen precio, como por ejemplo un día de sol o de lluvia, un paseo por el parque o por el campo escuchando el canto de los pájaros. Aunque lo bueno no está en el día de sol o de lluvia en sí, sino en saber disfrutarlo, respirarlo, sentirlo, agradecerlo y rejuvenecerte con lo que te da esa situación. También hay bastante diferencia entre el éxito y la felicidad.

Dedicar demasiado tiempo al éxito para llegar a ser feliz es muy caro, además, es una felicidad temporal y falsa, pues cada vez querrás ser más feliz y le dedicarás más tiempo a conseguir el éxito, a conseguir más de lo que tienes. Los días van pasando, tu mente se enfoca en luchar por el éxito y dejas de disfrutar la vida. Porque ese tiempo perdido es el que no le dedicas a tu equilibrio, al control de tus emociones, que son las que te darán una plenitud de paz, alegría y felicidad.

Una actitud adecuada está en ser feliz con lo que se tiene

Desear algo es normal, es de humanos, pero lo drástico, lo destructivo, es que estas necesidades nos lleven por un camino en el que acabemos dependiendo de cosas que nos darán una falsa felicidad, que disfrutaremos solo en precisos momentos.

Siempre ansiarás tener más, pero por mucho que consigas, si estás insatisfecho no disfrutarás de la vida.

En mi opinión, aquellas personas que piensan que la felicidad está en el dinero o en el éxito, están muy equivocadas ya que el verdadero valor está en la persona.

Puedes ser feliz sin poseer un coche maravilloso, un anillo espectacular o unas propiedades envidiables. La felicidad no está en el cargo que ocupamos en una empresa, en lo que poseemos, en lo que riamos. La felicidad está dentro de nosotros mismos.

Sentirse bien con lo que se tiene y se es depende de nuestra actitud.

La felicidad la establece nuestro estado mental. Un buen control de todo nuestro ser nos hace disfrutar y recrearnos en cualquier tipo de riqueza física o espiritual que nos dé la vida. La felicidad es una actitud, aunque pocos saben mantenerla durante todo el tiempo.

Disfruta de todo aquello que tienes, que aún puedes hacer. Aunque te cueste creerlo, las cosas siempre pueden estar peor de lo que están, pero lo bueno es que siempre podemos mejorarlas.

Siempre puedes tener un problema, y después otro, y otro. Pero el arte está en que puedas evitarlos y solucionarlos sin que alteren tu buena actitud.

Así que, disfruta estos buenos momentos, ten una actitud de: *puedo hacer cosas, voy a hacer muchas cosas*. Disfruta de lo que tienes y que a otros les encantaría tener.

Alimenta tus pensamientos positivos, mueve tus acciones positivas, dale un enfoque nuevo a tu vida, aprende a ser feliz con lo que posees y, cuando lo consigas, entonces todo lo demás vendrá solo.

La felicidad está en todos, está dentro de ti, es el camino, y la disfrutarás día a día en todas las cosas, con tu actitud.

No la busques; simplemente, déjala fluir.

Vive con plena consciencia

La mayor parte del tiempo vivimos como si tuviéramos el piloto automático de un avión puesto. Es decir, no estamos presentes en lo que hacemos, no disfrutamos de los momentos, no disfrutamos de la vida que al fin y al cabo se compone de eso: de momentos presentes.

Todo lo queremos hacer rápido para que nos quede más tiempo para descansar, o no hacer nada.

Eso es un gran error, pues estamos perdiéndonos el poder disfrutar de hacer las cosas y gozarlas como si fuese la primera o la última vez de nuestra vida.

Tienes que vivir siendo consciente de cada instante: debes vivir el momento con los cinco sentidos, disfrutarlo y analizar tus emociones.

Por ejemplo, si vas a hacer un viaje, tienes que disfrutar del momento de hacer las maletas, por muy pequeñas que sean; y mientras las haces, repetirte lo afortunado que eres porque puedes viajar; porque tienes autonomía para hacer tus maletas. Porque tienes ropa; porque vas a pasar unos días en un lugar distinto. Recréate en la maleta, pensando en cada detalle de lo que vas a llevar, y las nuevas oportunidades que puedes tener para crecer en ese viaje.

Es increíble lo que algunas cosas, por pequeñas que sean, te pueden enseñar, si les pones una especial atención. Pero no todo el mundo es capaz de reparar en esos pequeños momentos, hasta que empiezan a ser conscientes de todo su entorno.

Hoy es un día irrepetible, como también lo es mañana, y pasado mañana, y todos los días.

Saborea el instante, siente el sol en tu piel, disfruta de lo que la madre tierra te ofrece, huele una flor, observa la inmensidad del mar, mira qué luna más bonita.

Si te fijas en todas las cosas y eres plenamente consciente de cada instante, entonces vivirás con mayor profundidad cada momento.

No esperes a "después" para ser feliz

Uno de los errores más comunes que las personas cometemos es poner la felicidad como una meta en sus vidas; Como algo que hay que alcanzar, que llegará en un futuro y hay que luchar por conseguirla.

Muchos piensan que serán felices cuando lleguen a esas metas y muchos las llaman "después". Y entonces se convencen a sí mismos de que la vida será mejor "después", cuando:

Haya terminado la carrera.

Haya conseguido un buen trabajo.

Me haya casado y tenga un hijo.

Luego se sienten frustrados porque sus hijos no son lo suficientemente grandes y piensan que serán más felices después...

... cuando crezcan y dejen de ser niños.

Pero se desesperan porque aún son adolescentes, difíciles de tratar y piensan que serán más felices después...

... cuando salgan de esa etapa.

Luego deciden que sus vidas serán más completas después...

...cuando a nuestra pareja le vaya bien.

…cuando tengamos un coche mejor.

…cuando termine de pagar la casa.

Para esa clase de personas, la vida siempre está llena de un "después", de retos que tienen que cubrir para alcanzar la felicidad.

Ese es su gran error: llenar la vida de "después", que lo único que hacen es que tu vida se convierta en una sucesión de quejas, decepciones y anhelos.

Los momentos hay que disfrutarlos mientras duren.

La verdad es que no hay mejor momento para ser feliz que ahora mismo. Si no es ahora, ¿cuándo?

El tiempo no espera a nadie. Así que deja de esperar…

¿O estás esperando un "después"?

No puedes agradar a todos

Dedicar toda tu vida a hacer felices a los demás hace que pierdas la posibilidad de dedicarte tiempo a ti mismo. Si tú no creces, no podrás ayudar a crecer a los demás. Es imposible tener a todo tu entorno feliz y contento.

Si luchas por tenerlos a todos felices, llegará un momento en que, cuando no hagas lo que los demás quieren, vas a sentirte muy desdichado, culpable.

No tienes que estar siempre intentando gustar a los demás, ni eres responsable de su felicidad. La responsabilidad de nuestras vidas es de cada uno de nosotros.

Tampoco te frustres porque veas que tu gente, tus seres queridos, no han comprendido esto y se pasan horas y horas intentando caer bien a personas que, quizás, ni tan solo conocen o conocen muy poco, o se esfuerzan en simpatizar con ellas, mientras que dejan de atender a quienes más aman.

Eso lo hacen por la búsqueda de cariño, de atención, de sentirse querido, necesitado. Están buscando algo que creen que perdieron, cuando lo único que perdieron fue la confianza en sí mismos.

Sin embargo, hay mucha diferencia entre hacer felices a los demás o ayudarles a serlo. Si bien es cierto que tenemos que ayudar a los demás a ser felices, te puedes encontrar que alguien se niegue, y si una persona decide no dar el paso de adoptar una actitud positiva, nosotros no podemos hacer nada. Si nos interesa mucho esa persona, podemos enfocarnos y dedicarnos a que se decida a cambiar, pero poseemos el libre albedrío y la responsabilidad de nuestras decisiones.

Recuerda:

Cambia la actitud. Observa y disfruta lo bueno de las cosas, y extrae lo positivo de cada situación.

Tu actitud es la que determinará tu vida. La percepción de todo lo que hay a tu alrededor marcará tu rumbo.

6
PEQUEÑOS CAMBIOS QUE TE LLEVARÁN A GRANDES CAMBIOS

Los cambios llegan cuando los provocas. ¡Entra en acción!

Laura estaba muy enamorada de su marido, era de aquellas personas que se casan con quien realmente aman y se sienten en un cuento de hadas. Llevaban juntos algo más de quince años. Fruto de ese maravilloso matrimonió nació Luis.

Ella, que tenía una especial adoración por los niños, hubiera querido tener más pero la madre naturaleza o el destino decidió que no debía engendrar otro hijo. Dedicó todo el tiempo, esfuerzo y cariño a cuidar de su pequeño y de su marido. Nunca llegó a trabajar fuera de casa, todo el día lo dedicaba a la atención de su familia. Vivían más o menos bien con el salario de su esposo.

Un día, a fin de mes, el marido llegó a casa con la cara trastornada. Le habían despedido de su trabajo. A partir de ese momento él entró en un estado de depresión. Las peleas eran diarias y empezó a cambiar la actitud con su esposa, hasta el punto de llegar a casa borracho, día sí, día no.

Toda esta situación se estaba haciendo insoportable. Luis, el pequeño, se arrinconaba en una zona de su habitación con las manos en los oídos para no escuchar todo lo que su querido papi le estaba haciendo a su mamá.

Laura intentaba ayudarle a encontrar otro trabajo y no le discutía para que no se volviera contra ella. Pasaron así un tiempo y nada mejoraba, todo lo contrario, llegó a empeorar de tal manera que empezó a golpearle. Laura le perdonaba una y otra vez.

Pero como todas las cosas tienen un tope esta también llegó al máximo nivel, un día, mientras le gritaba su marido, y de fondo escuchaba el llanto de su hijo, Laura decidió que esto no podía seguir así. Aquella persona que le pegaba no tenía nada que ver con la persona de la que años atrás se había enamorado.

Tomó la decisión de marcharse de su lado, le dejó todo, preparó inmediatamente algunas maletas y se llevó a su hijo.

Una amiga le cedió una habitación para que pudieran vivir hasta que encontrara un trabajo. Por aquel entonces su hijo ya iba solo al colegio y se estaba haciendo un niño responsable y muy bien educado. Ella se puso a estudiar algo que siempre había deseado y que además sabía hacer bastante bien, cocinar. Esto le abrió las puertas de un restaurante que le permitía tener tiempo libre para escribir un blog que, con algo de tiempo, se hizo muy popular y con el que también empezó a ganar dinero.

No volvió a mirar atrás, solo para recordar lo mejor de su matrimonio y llevarlo en el corazón.

Su atención estaba en ser feliz con su hijo y mantenerse así.

Así como la historia de Laura, cuando consigas cambiar tus pensamientos, lograrás una actitud positiva y avanzarás en el crecimiento personal y en tu búsqueda de la felicidad.

Las cosas, sin embargo, suceden cuando haces algo para que sucedan. Puedes tener mucha fe en ti mismo, pero la verdad es que, si realmente quieres que el cambio llegue a tu vida, no es suficiente con creer que puedes lograrlo y proponértelo, has de actuar, hacer algo.

La fe tiene que ir unida con la acción. Tienes que dar ese primer paso. Crea un pensamiento y conviértelo en un acto; ejecuta muchas acciones y obtendrás tu destino.

Una vez que tengas claro qué es lo que quieres conseguir, hacia dónde quieres ir, concéntrate en aquello que deseas y define qué pasos vas a dar para llegar a tu objetivo.

Ya sabemos que las cosas no son fáciles, pero tampoco imposibles. Esa transformación tiene un coste, un esfuerzo, y un cierto dolor porque vas a desprenderte de cosas y todo duele, por pequeño que sea, duele. Pero no puedes quedarte quieto esperando que las cosas cambien.

Entiende que si siempre haces lo mismo en tu vida y estás buscando algo distinto, nada nuevo va a ocurrir. Por eso debes prestar mucha atención a tus costumbres, tu forma de actuar, incluso tus manías y la gente con la que normalmente te relacionas.

Hasta que tú no hagas un cambio, las cosas seguirán igual. Así que no esperes más, ponte manos a la obra.

Cambia tus hábitos

Cada uno de nosotros tiene sus rutinas, nuestras pautas para hacer las cosas desde el inicio del día: cómo nos despertamos, cómo y cuándo nos bañamos, desayunamos, llamamos por teléfono o conducimos el coche. La mayoría de esas tareas las hacemos sin pensar, porque siempre las hacemos igual.

Pero piensa que según sean tus hábitos, así será el camino de tu vida. Si quieres un cambio en tu vida, tienes que cambiar tu forma de hacer las cosas. Como he comentado antes, si no cambias nada, tu vida no puede cambiar, será igual.

Para cambiar esos hábitos primero tienes que tener muy claro qué quieres, a partir de ahí crear acciones nuevas y definir cuáles son los que no puedes cambiar y por qué y utilizar pensamientos positivos.

Organiza tu entorno, límpialo, cuídalo. Si quieres saber cómo es tu vida de organizada, solo tienes que ver cómo está tu armario y cómo está tu casa. En tu entorno se refleja cómo de organizada está tu mente.

Te recuerdo que, como no es una rutina, te puede costar un poco al principio, pero en cuanto se convierta en tu estilo de vida, habrás conseguido el cambio.

Cuando te acostumbres y lo hagas un hábito, te darás cuenta de que todo es más fácil y provechoso, sin esfuerzos. Aunque no lo creas, solo es cuestión de acostumbrarte.

Empieza por hacer algo que te ilusione

Empieza por hacer algo que te motive, que te dé vida, que te saque de la monotonía. Puedes empezar por practicar alguna de tus habilidades. Es importante y necesario que, aparte de tu trabajo y tus obligaciones, hagas algo que te guste y provoque en ti un gran entusiasmo, algo que estés deseando hacer, que te haga ilusión.

Hacer lo que nos gusta es una oportunidad. Dedicarnos a aquello que amamos es afinar nuestros talentos, incrementando así las posibilidades de nuestra realización.

Mímate

Asegúrate de estar enviándote constantemente mensajes positivos sobre ti mismo, quiérete. No importa si los mensajes te los dices en voz alta, mentalmente, o si mientras lo repites, creas esa imagen en tu mente.

Lo que sí importa es que, hagas lo que hagas, ha de ser positivo y, si consigues poner imágenes, estas se convierten en una herramienta mucho más efectiva.

Mímate, cuídate; dedícate a ti, a verte bien. Date un baño de sales especiales, ve a la peluquería, hazte un masaje relajante, medita…

Trabaja en ti mismo. Piensa en cosas buenas para ti. Proponte emprender tus nuevos proyectos o retomar aquellos que dejaste a un lado.

Cuida tu alma

Un pensamiento positivo es una caricia para tu alma.

La paz mental es la sintonía perfecta entre tu cuerpo y tu alma.

Un trabajo productivo es un traje a tu medida para hacerla más grande.

Lograr tener relaciones armoniosas es el instrumento que llegará al alma. Cuídala, no dejes que las heridas la destrocen. Un equilibrio en tu ser le da brillo.

Mantente alerta y trabaja en ti. Aliméntate de pensamientos buenos, de cultura, de buenas amistades, busca lugares de crecimiento. Sal de donde estás, de tu casa, de ese lugar donde no paras de pensar siempre en tus problemas, de tu zona de confort.

Pon amor en lo que haces

Hagas lo que hagas, por insignificante que sea, hazlo con dedicación, cariño, respeto, interés y amabilidad. Es posible que un pequeño gesto marque la diferencia del antes y el ahora.

Lo bueno derrota lo malo.

Cuando tienes un buen control de tus pensamientos y de tus acciones, y además le pones un poco de buena voluntad y amor a lo que realizas, consigues que el camino que has elegido en tu vida sea un camino de mayor plenitud y felicidad.

Siempre he pensado que la comida es como las cosas de la vida: según lo bien que te la hagas, determinará lo bien alimentado que estés. Puedes encargarte de buscar, elegir y comprar los mejores productos en el mercado, pero el resultado de la comida y lo bien que sepa al final dependerá de lo habilidoso que te hayas hecho en la cocina, del cariño y el amor que le pongas mientras la preparas.

Para la vida es lo mismo: estoy vivo, tengo autonomía, actividades, amigos y de todo lo que haga con ello dependerá mi rutina.

Afronta los problemas

Queramos o no, siempre tendremos problemas: forman parte de nuestro día a día y serán nuestros mentores. Lo que hará que nuestra vida sea de una manera u otra es la actitud que tomemos ante ellos.

Si tienes problemas no te agobies, no te preocupes más, no huyas, no abandones; pero tampoco te quedes quieto, ya que estos no desaparecen por sí solos. Hay que usar el ingenio para que la mayor parte de ellos no se conviertan en grandes problemas, o incluso, no lleguen ni a formarse.

Si tu vida es siempre igual, es porque siempre haces lo mismo.

Lo que siembres, recogerás

La gente te va a tratar como tú la trates, y tu cosecha dependerá de lo que siembres.

Si te faltan el respeto, es porque tú lo has faltado primero o porque has permitido que te lo hagan. Lo que tú permitas es lo que van a hacer.

Según cómo trates a las personas de tu entorno, así te tratarán ellos a ti. Si quieres que tus relaciones gocen de una buena armonía, tienes que aplicar tú también esa regla, desde el primer momento.

Si, por ejemplo, tratas a tus hijos, a tu pareja, desde un principio como lo más preciado de tu vida, esa misma será la actitud con la que ellos te tratarán a ti.

Siempre es así, no solo con tus hijos o tu familia, sino con todas las personas con las que te relaciones.

Haz tu vida y la de aquellos que te rodean más agradable, más llevadera. Que todos se alegren al verte no por lo que tienes, sino por las buenas emociones que les provocas.

¡Gánate a la gente con tu talante! Haz que siempre te conozcan por encontrar solución a los problemas, no los problemas en sí. Serás recompensado según sea tu actitud.

Disfrutar de una grata compañía, con nuestra pareja, amigos, etc., hace que estos vínculos nos hagan ser diferentes como humanos.

La verdad es que no resulta agradable encontrarte personas en tu entorno que hacen que te sientas aislado. Si te sientes así, es porque tú has sembrado eso. Vas a recolectar aquello que siembres, tú eres el responsable y solo tú.

Fomenta cosas buenas. Haz que tu entorno se sienta bien consigo mismo, que estén cómodos, seguros. Haz que los demás se sientan importantes con lo que hacen.

Dar amor es la mejor acción que puedes hacer, aunque en ocasiones puedes sentir necesidad de reembolsar mal por mal. Pero, nunca olvides: siempre saldrás perdiendo, ¡siempre!, porque de lo que des, eso mismo recibirás a cambio.

Si tienes que hablar de ti, no hables de cómo eres: empieza a sembrar hablando de cómo te gustaría ser y de las cosas que quieres emprender. Piensa en lo que dices, pues estarás construyendo el camino de tu vida.

De igual manera, cuando hables con alguien, háblale siempre de cosas buenas y positivas que tiene o que hace. Recuerda que el halago es una de las herramientas más poderosas para fortalecer las amistades y las relaciones. Es muy sencillo y tiene unos resultados hermosos. Solo basta con decir cosas como: "¡Qué guapa estás hoy!" o "¡qué alegría me da verte!".

Si esto te lo dicen a ti, con total seguridad que presentas una gran disposición. Hazlo con los demás y sentirás el maravilloso regalo de dar y recibir.

Paco, un hombre muy amable, era el más pequeño de sus cinco hermanos, nacido en el sur. Su madre, una señora muy querida, siempre le decía: *"hijo, saluda y sonríe que seguro que recibirás muchas sonrisas"*. Eso era lo que hacía cada vez que salía a la calle.

La gente, tal y como había predicho su madre, se volvía a saludarle con una amplia sonrisa. *"Buenos días Sr. Paco"*, le decían los vecinos.

Trabajaba en una pastelería pequeña pero muy bien surtida y con muchos detalles, unas mesitas, flores, algún bocadito de pastel para probar, en fin, se notaba que Paco cuidaba y mimaba a su clientela.

A media hora a pie desde su casa, solía saludar a unas 15 o 20 personas cada día. Su trabajo le permitía conocer a muchísima gente.

Además, con el tiempo se hicieron costumbre las grandes tertulias entre sus clientes, que se quedaban un rato explicándole sus problemas, de manera que Paco tenía siempre bonitas palabras para todos sus conocidos, con la particularidad de que se acordaba de todos y cada uno de sus asuntos.

Cuando se cruzaba con doña Catalina, le preguntaba mientras seguía caminando: "Doña Catalina, ¿Cómo se encuentra hoy? ¿Cómo están los niños?"... y si era Pedrito, le decía: "Mucha suerte con tu examen".

Le gustaba mucho su trabajo. Estar de cara al público le permitía ser él mismo. Así se sentía feliz y así lo mostraba. Cuando llegaba a la tienda, siempre entraba con una sonrisa. Esa era su forma de empezar el día, alegre y con una sonrisa.

No puedes esperar lo mejor de los demás si tú no das lo mejor de ti mismo. Cuando das muchas cosas buenas de ti, recibirás cosas mejores que cuando das solo un poco de ti.

Recuerda que la felicidad no es una meta, es un camino, y para alimentarlo es necesario hacerlo con afectos y buenas conexiones con otros seres humanos.

Siembra en lo ajeno y cambiará tu vida, porque cuando vengan los malos momentos y creas que lo has perdido todo, serán esas personas las que te darán el empuje que necesitas para seguir adelante.

¡Sonríe!

Allá por donde vayas, ¡sonríe!

Da los buenos días, o lo que corresponda, a tu vecino, al conductor del autobús, al vendedor de la tienda de al lado... Haz como el don Paco de nuestra historia. Aunque al principio no te saluden, tú insiste una y otra vez; ya verás como al final le das la vuelta a la tortilla.

¡Sonríe! Te darás cuenta de que es una acción muy poderosa. Ve adonde tengas que ir, pero nunca olvides esa sonrisa. Haz la prueba y verás el resultado: es inmediato.

Te sorprenderá la reacción que los demás tienen contigo, la alegría instantánea que les provocas. La recompensa que da una sonrisa o unas palabras amables es muy grande en comparación con lo poco que cuesta.

Sonreír te hace sentir bien. Te va a encantar llegar a un lugar y ver que a todos se les ilumina la cara por tu presencia.

Sonríe, tú puedes hacerlo.

Todos podemos. Cuando somos niños reímos mucho, y a medida que nos hacemos mayores, algunas personas dejan de reír. Si a ti te sucede eso, entonces algo no está bien. Pero proponte volver a sonreír. Puede que al principio tengas que forzar sacar esa sonrisa, pero verás cómo enseguida, en cuanto te acostumbras a hacerlo, no cuesta ningún esfuerzo.

Una sonrisa mueve montañas.

Recuerda que la gente quiere estar con personas positivas, alegres, llenas de vida, con un buen espíritu. Nadie quiere estar con personas amargadas, negativas y sin ganas de vivir.

¡Sonríe! La vida es hermosa cuando la ves con ojos hermosos.

A pesar de todo, ¿notas el cambio?

Cuando has intentado cambiar, es posible que creas que no pasa nada, que sientas que las cosas van muy lentas.

Pero todos los días amanece y vuelve a anochecer, los árboles dan su fruto y tardan su tiempo, la primavera llega y se va. Piensa que lo mismo ocurre con nosotros: todo necesita un proceso y una transición.

Tienes que ser fuerte y mantenerte firme, igual que los barcos en la tempestad. Como dice el dicho, *no hay tormenta que dure cien años*.

Mantén el rumbo, no te distraigas, no abandones aunque se derrumbe todo a tu alrededor.

Sabremos que el cambio se ha instaurado cuando se convierte en hábito. Podrás distinguir el cambio momentáneo, forzado, del cambio real y natural, cuando todo lo que hagas nuevo sea un hábito en tu vida.

Pero si aun así crees que nada ocurre, si a pesar de poner todo de tu parte no consigues lo que deseas, entonces es que debes hacer algo más. Es posible que no hayas puesto "suficiente carne en el asador". Tendrás que analizar detenidamente lo que deseas y lo que vas a hacer para conseguirlo, y calcular si eso que vas a hacer es lo necesario para conseguir aquello que deseas.

Plantéate dos preguntas:

1. ¿Realmente lo que estás haciendo es lo que necesitas para que se realice ese cambio en tu vida?

Puede que no estés enfocando bien los pasos que tienes que dar para alcanzar el cambio que buscas. Reflexiona, medita, ve a la "montaña". Tal vez tengas que cambiar el rumbo.

2. ¿Es el momento de obtener aquello por lo que luchas?

Tú eres quien te creas tu propio destino, pero nuestra parcela de actuación en la vida es reducida, hay factores sobre los que no tienes el control pero sí la forma de actuar delante de esos obstáculos. Estos pueden retrasarte, pero no impedirte que lo consigas.

O tal vez te estén marcando otro camino distinto por el que tienes que seguir.

Y si no lo consigues, siempre puedes pedir ayuda

Hace mucho tiempo, llegó a esta aldea un joven con buenos modales y una enorme sonrisa, llamado Bruno. Hacia mediodía, se dirigió a la entrada del pueblecito, recogió unos trozos de leña y empezó a preparar una buena fogata. De inmediato se le acercó una señora y le preguntó qué pretendía hacer.

–*Pues quiero hacer el mejor puchero del mundo, pero lamentablemente no tengo una olla* –respondió el joven.

A la señora se le pusieron los ojitos redondos, pues por esa época escaseaban los alimentos y se pasaba mucha hambre.

–*Tengo una olla grande en casa, ¡voy a buscarla!* –exclamó contentísima.

Mientras corría a casa, en mitad del camino se encontró con su vecina y le contó lo ocurrido, y esta sin demora fue a ver si podía probar ese puchero.

–*¡Por supuesto!* –le contestó el joven–, *pero ¿tendrías un poco de agua y sal?*

–*Eso es de lo que más tenemos aquí en la sierra. ¡Ahora vuelvo con agua y sal!*

El vecindario empezó a revolucionarse. Uno a uno se acercaba a él y le preguntaban qué estaba haciendo, y él contestaba:

–*El mejor puchero del mundo, pero no tengo patatas.*

– *¡Yo tengo algunas en mi cocina!* –gritó una mujer.

En pocos minutos apareció con una bolsa de patatas peladas que fueron directamente al agua hirviendo. Todos estaban alrededor de la olla, expectantes. Cuando el joven probó el puchero, dijo:

–*¡Delicioso, genial! Pero con unas verduras le daríamos un toque de exquisitez.*

–*¡Yo, yo!* –gritó otra vecina, que fue a buscarlas de inmediato.

Toda la aldea estaba deseosa de saborear el puchero. Cuando nuevamente Bruno lo probó, dijo:

–*Sin duda alguna, llegaría a ser el mejor puchero del mundo si tuviésemos un poquito de carne.*

Uno de los vecinos contestó emocionado:

–*¡Yo vengo de cazar y tengo un poco de carne!*

Se fue buscar la carne, corriendo con gran entusiasmo, pues no quería perderse tal acontecimiento, y la añadió al puchero. Cuando el joven volvió a probar el caldo, puso los ojos en blanco y exclamó:

–*¡Sí, sí, es el mejor puchero del mundo!*

A lo que toda la aldea allí reunida aplaudió felizmente, gritando:

–*¡Gracias, San Brunito, por haber reunido a este grupito!*

Aquel día, Bruno y su puchero dieron una lección a la aldea que no ha olvidado: **«Si tú solo no puedes, pide ayuda»**.

Si esta es la primera vez que intentas hacer un cambio sustancial en tu vida, quizás necesites pedir ayuda para lograrlo. Siempre tienes la opción de buscar a alguien que te guíe, de buscar una montaña que te ayude a encontrar el camino.

Te desahogas, liberas tu carga y te repones un poco para seguir adelante, que es justo lo que necesitas, "un empuje".

No te incomodes si necesitas pedir ayuda. Pedir ayuda es muy difícil, pero créeme, es necesario.

El pedir ayuda en los momentos de necesidad no es símbolo de flaqueza, sino de inteligencia.

Recuerda:

Nuestra vida permanecerá siempre igual hasta que hagamos un gran cambio. Si quieres algo nuevo, algo nuevo debes hacer.

Haz un cambio premeditado y voluntario, y este te dará unas oportunidades increíbles, pues te habrás preparado para conseguir aquello que quieres.

Tu futuro es el camino de tus acciones: enriquece y tonifica tus buenas costumbres.

7
EL CAMBIO VA SIEMPRE MÁS ALLÁ DE TI MISMO

Se sabe que una persona ha cambiado interiormente, de verdad, cuando esto empieza a repercutir a su alrededor, en su vida. Es como cuando tiras una piedra en un estanque de aguas tranquilas y puedes ir viendo cómo las ondas que genera en su superficie se van extendiendo más y más, hasta alcanzar la orilla.

No solo cambia uno mismo, sino todo a su alrededor. Pero hay que tener o buscar el estanque, la voluntad para hacerlo, la piedra para tirar y la técnica para conseguir el efecto; hay que desearlo de verdad y ponerse manos a la obra sin miedos ni limitaciones.

Cambia, y con tu cambio, seguramente provocarás que algo suceda en tu entorno, aunque sea pequeño, pero lo habrá y tus relaciones mejorarán.

Dialoga

Un día, Manuel salió de casa y decidió dar un paseo hasta la plaza del pueblo. A un lado vio un camión y una furgoneta, estacionados uno a espaldas de la otra, y con un cajón enorme de madera entre los dos. Con un pie puesto en cada remolque, un hombre intentaba mover aquel cajón que era más grande que él, pero todos sus esfuerzos eran en vano.

–*Hola, Manuel* –saludó el hombre.

–*Hola, Federico. Te veo fatigado. ¿Qué te sucede* –preguntó Manuel.

–*Estoy intentando mover este cajón, pero no puedo.*

–*Espera, que te ayudo* –se ofreció rápidamente.

Manuel se subió a los remolques y se colocó del lado contrario a Federico.

–*A la de tres, ¿de acuerdo?* –le dijo a Federico–. *Uno, dos y tres, ¡ahora!... Otra vez: uno, dos y tres, ¡ahora!*

Después de cinco minutos y muchos esfuerzos, Manuel se limpió el sudor de la frente y terminó diciendo:

–*Lo siento, Federico, pero creo que no vamos a poder sacar este cajón del camión para meterlo en la furgoneta.*

–*¿Sacarlo? ¡Pero qué dices! Si yo lo que quiero es ponerlo más adentro.*

–*¿Cómo? ¿Que estábamos empujando cada uno para un lado?*

Manuel comenzó a reír, y Federico no tuvo más remedio que imitarlo.

Todos damos por sentado lo que nosotros percibimos, pero puede ser totalmente distinto para los demás.

Muchas veces nos falta comunicación, creemos que las cosas tienen que ser de una forma y nos damos cuenta de que no son así.

Manuel tenía que haber preguntado a Federico qué es lo que quería hacer con el cajón, en ese caso lo hubieran conseguido a la primera.

Así que, a partir de ahora, pregunta, habla y comunícate, así te harás una idea correcta de lo que tienes que hacer.

Fomenta relaciones personales sanas

Donde hay conflictos, hay desorden, así que cuantas menos disputas y enfrentamientos generes, más estable vas a vivir. Piensa detenidamente: ¿qué puede traerte de bueno estar constantemente discutiendo, atormentándote y alimentando el mal genio?

Deja de discutir por cosas que, si las piensas fríamente, son absurdas. Esa lucha incansable por demostrar que tienes la razón agota a los que te rodean. Es mejor vivir felizmente que vivir teniendo la razón en soledad. ¡Piénsalo bien! Querer tener razón en todo no es bueno, ni lógico.

Recuerdo a un conocido que, cuando alguien quería discutir algo, siempre le decía: *¿Tú qué quieres, encontrar una solución o tener razón?*

Solo con cosas buenas conseguirás cosas buenas; con gritos nunca alcanzarás la armonía. Cuando estés en una disputa, espera que esa situación acabe y en otro momento, cuando la situación se haya enfriado y esté menos tensa, lo aclaras de forma particular.

Respira profundo, piensa que todos nosotros, en algún momento, tenemos desacuerdos y formas diferentes de ver las situaciones, y depende de nuestra actitud el que estos desacuerdos permanezcan o se marchen.

Elimina el orgullo: es más fácil quitarte ese ego que vivir cargando con él. También existe la posibilidad de que tú te equivoques, y aunque no sea así, ¿qué importa? A veces puede ser inteligente dar la razón a otro, aunque no la tenga.

Recuerda que todo puede tener diferentes formas de verse, diferentes puntos de vista. Es posible que así evites conflictos o consigas algo importante. Haz que predomine en ti la inteligencia antes que el orgullo.

Muchos de los obstáculos que se cruzan en tu camino van a ocasionarte grandes enfados, y es posible que algunos de ellos sean provocados por las personas que tienes a tu lado, casi siempre por pensar de manera distinta a ellas. Estas personas te alteran, te provocan ira, disgustos, te irritan.

Para que tu relación con esa persona sea más agradable, más fructífera, debes intentar comprenderla, ponerte en su lugar, observar la situación desde su perspectiva y preguntarte al mismo tiempo: "¿Por qué hago lo que hago? ¿Y por qué lo hace él o ella?". De esta forma te darás cuenta de por qué cada uno de nosotros hacemos lo que hacemos.

Cuando intentes ver el mundo como lo ven los demás, sentirás que provocas en ellos una afinidad hacia ti, pues estarás cubriendo una pequeña parte de sus necesidades, de sus carencias.

Utilizar las palabras adecuadas, en el momento adecuado y con la persona adecuada, es todo un arte, y el no controlarlo es el detonante de nuestros grandes errores en la comunicación.

Piensa detenidamente lo que vas a decir antes de abrir la boca. ¡Ten cuidado! Las palabras salen disparadas velozmente de tus labios y pueden hacer más daño que las armas y abrir una herida demasiado grande durante mucho tiempo en otras personas. Antes de decir algo, piensa si es necesario.

No ofendas, ni insultes, ni humilles a nadie delante de otros. No importa con quién lo apliques, pero nunca te pongas a su nivel. Si alguien te falta el respeto, tú no tienes por qué hacer lo mismo. No caigas en ese juego, no te hará ningún bien. Faltar el respeto es una forma de destrozar a una persona, a tu relación y equilibrio hacia los demás. No te justifiques pensando que lo merece y que si no se lo haces así, no aprende.

¡No, no y no! Caer en eso es hacer lo contrario a lo que has de hacer para edificar aquello bueno que pretendes.

Aprende a respetar a tu entorno.

¡Esmérate por honrar a los demás!

En vez de hacer críticas, elogia.

En vez de enojarte, tómatelo con tranquilidad.

En vez de no estar de acuerdo, da un punto de vista positivo.

En vez de arruinar el momento, transfórmalo en único y maravilloso.

Esa es la diferencia, de ti depende. La vida es demasiado bonita como para estar complicándola y destrozándola.

Cuida a tu familia

Para hacerte una idea de cómo es una persona, solo debes conocer a su pareja y a sus hijos. Ellos te diagnosticarán lo que sucede en su entorno, te dirán con sus acciones qué tipo de comunicación tienen, qué valores predominan, cómo son sus actitudes, y descubrirás algunas de sus debilidades.

Dedica a tus hijos, a tu pareja, lo que tengas que dedicarles. Ellos son el vínculo más directo de tu vida.

Sus beneficios son el resultado de tus ingresos.

No olvides que lo que decidas hoy, va a afectarte a ti, a tus hijos, a tu familia y a tu entorno.

Si quieres lo mejor para ellos, tienes que dar lo mejor de ti. Transmíteles una buena actitud, pensamientos positivos, alegría, amor, en cualquier momento de sus vidas.

Haz que se sientan importantes y queridos, fomenta aquello que quieres recibir.

Cambia esas situaciones negativas que siempre has aceptado:

"Nuestra familia tiene un carácter fuerte".

"La mayoría se divorciaron".

"Todos tenemos problemas con el tabaco, o con el alcohol".

Aceptar afirmaciones como esas es una forma segura de fracaso en tu vida y en la de tus descendientes, y no puedes exigirles que no hagan aquello que tú mismo has aceptado.

Marca tú la diferencia y empieza por no aceptar esas turbulencias de conflictos y problemas. Tu labor es construir y fomentar una buena calidad de vida. Con críticas y gritos no conseguirás nada bueno.

Está bien crear unas pautas de convivencia, pero no te dediques solo a decir: "ordena tu cuarto", "estudia", "no pierdas el tiempo", "no me gustan tus amigos, no regreses tarde"...

Invierte tiempo y diles: "me encanta hablar contigo", "qué bien te sienta lo que llevas puesto", "qué buena decisión has tomado", "es admirable tu responsabilidad", "qué bueno estaba el desayuno", "hoy me hacía falta escucharte", "confío en ti"...

Esas palabras alentadoras conmueven el corazón y aumentan la armonía.

Aliméntalos con amor; también con recti-
tud, respeto y educación, pero siempre desde
el amor.

Si tienes hijos, piensa en ellos. Su camino
depende mucho de ti. No destruyas sus ilusiones, haz que crean en sí mismos, aunque hagan
cosas que no te agraden. Dales fuerzas, no los
abandones. Haz que hagan algo correctamente
y anímalos a que sigan por ese camino.

Una colega, Elena, me contaba que siempre
le decía a su hija: *No dejes que nadie destruya
tus sueños, ni yo misma.*

Ten cuidado con tus críticas hacia ellos y la
forma de decirlas. Piensa en las que te hicieron
a ti y el efecto que provocaron en tu vida. No
dejes que les ocurra lo mismo, no les contagies
lo que pasaste tú. Lo que pasó, pasado está.

¡Ahora es el momento! Haz que sea distinto, siembra la semilla del "¡yo puedo!" en ellos,
siembra todo aquello que te gustaría que tuvie-
ran y, muy posiblemente, en un futuro ellos te
devolverán lo que hayas sembrado.

No te olvides de cuál es tu rol frente a tus hijos

Todos sabemos que las generaciones son muy distintas y que los tiempos han cambiado mucho.

Mi padre, cuando tenía mi edad, era muy diferente a mí, y mis hijos cuando tengan mi edad también serán muy distintos.

Está claro que los padres no podemos ser los mejores amigos de nuestros hijos, ni tampoco debemos comportarnos como jovencitos subiéndonos en las sillas y revolcándonos por el suelo.

Un padre o una madre siempre son un padre o una madre. Ese es su rol y no debe perderse nunca, pero es muy importante abrir un canal de comunicación con nuestros hijos y entender cuáles son sus emociones, si no tenemos confianza con ellos no sabremos qué están sintiendo.

Debemos de enseñarles a expresar lo que llevan dentro, a que lo dejen fluir y así ayudarles a que aprendan algo que no nos enseñan en el colegio: a gestionar las emociones.

Está muy bien que tengan amigos, pero posiblemente sean de la misma edad y tampoco hayan aprendido acerca de canalizar nada.

No se puede pretender ser el mejor amigo de tu hijo pero sí, un buen amigo, la persona que mejor les conoce, que tienen más cerca y que les ama incondicionalmente, sumando además la experiencia en la vida.

La intensidad de los enfrentamientos entre padres e hijos en la adolescencia vendrá determinada por la relación que hayan tenido en la niñez y por el canal de comunicación entre los dos.

Está claro que todos pensamos que los padres representan la autoridad; si esta se pierde, se pierde todo. Si la utilizamos mal, diciéndole a un niño o a un joven: *no sirves, no podrás etc.*, eso lo arrastrará el resto de sus días.

Si tenemos cuidado y les enseñamos a gestionar esta información estaremos evitando un futuro lleno de inseguridades y miedos. Y la autoridad está hecha de solidez, prestigio y credibilidad.

Si desde un principio no lo muestras con el ejemplo, la convertirás en autoritarismo, y no lo dudes: con el tiempo tendrás problemas, si es que no los tienes ya.

Hay que estudiar la forma de decir las cosas para que sea efectiva, ya que de ello dependerá la convivencia.

Es importante saber que hay formas y formas de educar y de hacer las cosas. A veces tener a tu hijo encerrado en la habitación puede ser tan peligroso como dejarlo a su libre albedrío, sin tener noticia de dónde está o cuáles son sus compañías.

Esto es lo difícil de la vida y de la educación: encontrar ese justo equilibrio.

Cuando no se comparten las maneras de actuar o de pensar de otra persona, uno de los mayores errores que se comete es decir: *Si no lo haces así, ahí está la puerta.* Eso es inadmisible, porque la casa también es del hijo, de la persona que la comparte. Esa persona debe tener un espacio garantizado de crecimiento y educación que sea digno.

El error que cometen muchos adultos es declarar la guerra por no estar de acuerdo con que su hijo tenga una serie de amistades que no les gustan. Esto provoca en los adolescentes un cierto distanciamiento de sus familias; sus amigos son como una familia sustitutiva que sirve para emprender su lógica y nueva etapa de socialización.

Amenazarles con frases como *si has quedado en verte con ellos, te quedas castigado en esta casa* es hacer una declaración de guerra, cuando en realidad hay que procurar sacar información de esas personas: cómo se han hecho amigos, en qué se basan las decisiones y quién las toma, qué roles van a seguirse.

Lo importante es que el grupo de amigos, tanto individual como colectivamente, no manipule a los demás, privándoles de su libertad de elección.

Lo mismo ocurre con el horario de regreso a casa por la noche. Este ha de ser analizado y argumentado entre ambas partes, para llegar a un acuerdo según la lógica de lo que cada uno presente.

Estas situaciones van a fortalecer los vínculos y alimentar el respeto y amor mutuos.

Las preocupaciones de los adultos generan miedos, y el más común de ellos es el riesgo de lo que les puede pasar. Pero no olvidemos que ese miedo es el de los padres y no el de los hijos.

Cuando digo riesgo me refiero a la posibilidad de que alguien o algo sufra un deterioro, un daño; y los padres constantemente están pendientes de evitar cualquier acontecimiento de este tipo con sus hijos.

Tanto unos como otros perciben el riesgo de diferente manera, pues lo que para unos es riesgo, para los otros no lo es.

Estas acciones, comportamientos de riesgo, son parte de la vida, pues la mayor parte de los hijos lo hacen. Y el papel de los padres es hacer todo lo posible para que estos vean lo costoso que puede resultar ese riesgo. Claro está, sin necesidad de convertirlos en seres asustados e inseguros.

Atrévete a construir un mundo mejor

La intención de construir un mundo mejor está en boca de todos, pero muy pocos son los que se dedican a invertir en el verdadero motor para conseguirlo: "cambiando nosotros mismos".

El mundo se cambiará solo cuando cambiemos nosotros. Por lo menos nuestro entorno, y este cambiará otro entorno y este a su vez otro y así hasta llegar a todo lo que roce. Los cambios que ha habido en el mundo han sido posibles gracias a los cambios de mentalidad.

Igual que un caracol jamás podrá entender nuestro mundo (no puede apreciar nuestros valores, placeres, deseos), nosotros no podremos avanzar hacia un mundo más idóneo si no miramos más allá de nuestro mundo reducido, nuestra pequeña parcela de realidad.

Ahí es donde empieza todo: en nuestras ideas, en nuestros pensamientos.

El primer paso es atreverse a pensarlo. La palabra "posible" se crea en el momento en que surge como pensamiento en nuestra cabeza; y si existe como pensamiento, entonces *es* posible.

Recuerda que cuando cambies tu interior, también cambiará tu exterior. Hay una ley universal que dice: "como es adentro, es afuera". La reforma más grande e importante que puedes hacer en tu vida es cambiar tu interior.

¡Así que ya sabes! Si tú eres de los que piensan que quieres poner tu granito de arena para hacer un mundo mejor, es tan fácil como empezar a cambiar desde uno mismo. Cuando tú cambies para mejorar, habrás contribuido a que todo tu alrededor genere algún cambio.

Recuerda:

Una actitud mental positiva, además de cambiar tu vida, cambia tu entorno, pues estás beneficiando positivamente todo aquello que te rodea.

Hoy es el primer día del resto de tu vida

Todo tiene un inicio. Yo también descubrí que era capaz de ayudar a los demás y me puse a hacerlo. Cuando nací no sabía todo esto, he ido aprendiendo en el camino, y seguiré haciéndolo.

Un buen día me di cuenta de que si quería trabajar tenía que ser con algo que amara, no puse en duda la capacidad de conseguirlo, tuve mis obstáculos, pedí ayuda y poco a poco fui construyendo lo que ahora soy.

No dejo de aprender cada día, al fin y al cabo la vida es eso, una escuela maravillosa que te da la posibilidad de formarte en todo lo que necesites y de esta manera tener talentos que después te permitan desarrollar aquello que te gusta.

No olvides todo lo bueno que has ido descubriendo, pues es el camino hacia una vida más plena.

Es el momento de ponerlo en práctica y enfrentarte a cualquier adversidad que se cruce en tu camino. De nada sirve la teoría de ser feliz y estar en armonía si no lo pones en práctica.

Dicen que el discípulo no aparece hasta que el maestro está preparado. Toda mi vida ha sido y será un constante crecer, y ver el fruto en otras personas me hace sentir que lo estoy haciendo bien.

Voy a estar muy feliz sabiendo que con lo que has aprendido ya eres una montaña.

Ahora te toca a ti.

8
SIEMBRA UNA SEMILLA

Prepárate para la siembra

Tal como ya hemos ido viendo en los capítulos anteriores, el rumbo de tu vida lo marcará tu pensamiento. Es decir, lo que pienses hoy será lo que creará tu futuro, por lo tanto podríamos decir que somos los creadores de nuestra vida.

Recuerda también que si sientes que tu vida no va bien, es señal de que necesitas un cambio y ese cambio está en ti, en tu interior.

No busques transformar tu entorno, busca dentro de ti, es ahí donde puedes hacer el cambio real.

El primer paso es definir lo que quieres conseguir y hacia dónde quieres ir.

Haz un plan de acción, en ese plan deben constar los objetivos que deseas alcanzar, piensa que han de ser realizables y aunque ya hemos visto que los límites te los pones tú mismo, también hay que tener en cuenta aquellos límites externos donde no puedes influir, como pueden ser temas legales o limitaciones físicas.

Organiza paso a paso el recorrido que has de hacer para alcanzar esos objetivos y por lo tanto conseguir ese cambio. A eso se llama preparar la siembra.

Empieza ahora a planificar el cambio, a tu medida. Si el plan no funciona, no pasa nada, a veces vale la pena analizar bien lo que has realizado y cambiar de camino para orientarte otra vez hacia tus objetivos.

Hay personas que no quieren dar un paso atrás ni para tomar carrerilla. Pero dime, cuál es el problema, pues para rectificar un camino a veces es necesario deshacer algo de lo andado.

Si no sabes por dónde empezar, intenta hablarlo con alguien de confianza, di cómo te gustaría ser, qué quieres conseguir.

Habla siempre de cosas positivas, de cosas buenas. No te centres en lo que no quieres, es bueno tenerlo en cuenta, empieza con lo que quieres; cuando eso ocurra, poco a poco te darás cuenta de que empezarás a tener fe en ti. Lo que hables es el producto de tu pensamiento.

Vamos a utilizar un ejemplo, piensa en que te han entregado un pequeño huerto que has de cuidar y sacarle provecho.

Tu primera acción será observarlo e intentar entender para qué puede servirte. Tienes claro que de ti depende el uso que le des.

Empieza quitando todas las malas hierbas o aquellas que puedan alterar o echar a perder tu siembra.

Ahora elige buenas semillas. Recuerda que dependiendo del tipo de semilla que siembres así será el fruto que recolectes; si lo traspasamos a nosotros, de esa semilla que siembres dependerá tu calidad de vida, tus dones, tus talentos, tu ser espiritual, tu persona. El pensamiento positivo que aceptaste dará sus frutos, abriéndote camino.

Tú determinarás lo que quieres sembrar, y para ello debes buscar las herramientas necesarias para que tu siembra sea exitosa.

El resultado de tu siembra dependerá de los pensamientos con lo que alimentes la semilla, su fortaleza se verá compensada con tu autoestima y el brillo se lo van a dar tus compañías, tus influencias.

Como ves, todo lo que necesitas para tener una buena cosecha está en ti.

Otra cosa es que no sepas utilizarlo o no creas en ti, pero el potencial lo tienes. Arranca motores, siembra cosas positivas que te hagan crecer, vivir.

Nunca es tarde para empezar, nunca es tarde para vivir. Nunca es tarde para rectificar y sobre todo nunca es tarde para creer en ti. Nuestra capacidad va mucho más allá de lo que imaginamos.

Elige bien las semillas...

Se nos entregó la capacidad de pensar, nosotros decidimos cómo va a ser nuestra vida. Vamos pues a construirla: tú eres hoy el que permitiste sembrar.

Cambiar la forma de pensar sabemos que conlleva un gran esfuerzo. Piensa en cosas buenas, en objetivos, metas. Prepárate para lo bueno, piensa en cosas hermosas, acompáñalas con acciones, aliméntalas con amor.

Un solo pensamiento no es suficiente para lograrlo, pero es el principio, un buen comienzo.

Nos queda claro, pues, que hemos de ser conscientes de nuestros pensamientos y transformarlos a positivos para cubrir unos objetivos.

En general si alguien nos pregunta: *¿Qué quieres conseguir en la vida?*, en muchas ocasiones responderemos: *Quiero ser feliz.*

Y si ahora te pregunto: *¿Qué es para ti la felicidad?*, ¿qué contestarías?

Posiblemente para cada uno de nosotros la felicidad tenga matices diferentes, pero en cualquier caso quisiera recordarte que, en primer lugar, no pretendas conseguir esa felicidad cambiando tu entorno, sino tu interior.

Por otro lado, piensa que lo mejor de la vida está en el camino hacia el objetivo, no lo olvides. Sé consciente de lo que piensas y lo que deseas y empieza ahora a crear tu futuro.

La felicidad se elabora en tu pensamiento y tu actitud la hace real.

Te sorprenderás al ver cómo la semilla que has plantado tiene efectos en tu vida.

Contamos con los ingredientes necesarios para convertirnos en mejores personas, porque si eres capaz de pensar, entonces tienes todo lo que hace falta para plantar pensamientos positivos constantes y obtener tu realización personal.

Tu pensamiento positivo es la semilla para pasear por los caminos del éxito y la prosperidad.

Busca tu equilibrio, tu pensamiento positivo y aliméntalo con amor, y eso aplícalo con los demás.

Si quieres que tu día sea fructífero, despierta con una idea, con un pensamiento positivo, y vete a dormir con una actitud positiva.

La diferencia entre un buen día y un mal día está en cómo te enfrentes a las adversidades.

Nunca abandones, sigue luchando. No juzgues que un día va a ser malo porque al levantarte te has dado cuenta de que está nublado.

Dale una oportunidad a la vida, está hecha de cosas maravillosas, la esencia está en buscar, encontrar, disfrutar y mantenerla.

...Y desecha las malas semillas

Aprender a reconocer la buena siembra de la mala es lo que va a diferenciar a partir de hoy tu vida.

Detectar aquello que no te conviene, que te destroza, te ayudará a llegar antes.

No tengas miedo de perder cosas o personas en el camino, la vida es como un tren, en cada estación sube y baja gente, algunos nos acompañan durante todo el trayecto, otros no.

Si tus metas difieren de personas de tu entorno y tu camino se aleja, es normal que los pierdas.

Los caminos son infinitos y muchos eligen su propio destino, su propio camino.

Cuando estos deciden uno distinto al nuestro muchas veces sentimos un vacío, que a veces es necesario para avanzar.

Te pondré un ejemplo sencillo: si tienes un armario con ropa y nunca sacas la antigua, pero sigues comprando nueva, llegará un momento en que ya no te quepa nada. Si quieres cosas nuevas también has de sacar las que ya no te sirven.

Hay que saber tomar lo que nos hace bien y desechar aquello que no es bueno para nosotros.

Uno de los mejores indicadores que nos informa de que algo no va bien se llama crisis. Los conflictos, los problemas, los miedos, las preocupaciones, la ira. Todas estas cosas nos indican que algo falla en nuestra vida.

Sin lugar a dudas, los pensamientos que generaron todas estas emociones no eran los correctos. En cambio, si ponemos conciencia, estos estados son grandes oportunidades que tenemos para cambiar, para crecer.

Si te quedas quieto, sin hacer nada, lamentándote de todo, ya sabemos que tu semilla cuando crezca será de insatisfacción, de falta de luz y vida.

No permitas que el maltrato, el desprecio, el mal humor crezcan en ti.

¡Tú puedes cambiar! Di "No" a los conflictos, a las peleas, a las drogas, a todo aquello que te quita vida.

Igualmente debes tener cuidado con lo que siembras en tu familia, tus amigos.

La gente de tu alrededor se cansa de escuchar siempre cosas negativas, cada uno tiene sus propios problemas.

Cada vez que te enojas, te peleas, discutes, siembras en ti una semilla, y esta es como la hiedra: trepa hasta el último rincón para no dejar crecer nada por donde pasa.

Recuerda que el pesimista debilita su sistema inmunológico y el de la persona que tiene a su lado. Cuídate.

No dejes que otros siembren su semilla negativa en ti. Cuando alguien te dice: "Tú no puedes", "tú no vales", "no creo que lo puedas conseguir", no dejes que esa semilla crezca en tu ser.

Aceptar que no puedes sería dar autoridad a otras personas, no se la des, nadie sabe mejor que tú de qué eres capaz.

Cuando nos enfadamos y guardamos rencor, estamos permitiendo que la semilla del otro germine en nosotros.

Tú eres quien debe quitar toda mala hierba que hay en ti, tú y solo tú eres quien tiene que hacerlo. Libera tu carga. Piensa positivamente, no te dejes llevar por las opiniones o juicios de otros.

Una actitud efectiva para controlar tus malas semillas es aprender a tomar distancia.

¿Cuántas veces has oído decir *vive el momento, déjate llevar* o *solo existe el presente*. Cuando lo aplicas es porque estas poniéndole atención a tus experiencias sensoriales.

Esto es lo que se llama un estado asociado. En este estado se carece de una conciencia externa de lógica, muchas veces se pasa a la acción sin evaluar las consecuencias que se pueden generar de lo que hagamos.

Sin embargo, cuando tienes conciencia externa de ti mismo, cuando te detienes a observar y pensar, recapacitas y te ves venir el problema, entonces estás experimentando un estado disociado en el cual tú planificas, piensas, comprendes, analizas, consideras y mantienes un mayor control de la situación.

Lo ideal sería que todos aprendiéramos a tener control sobre nuestras emociones, o dicho de otro modo, que pudiéramos dominar a voluntad el asociarnos y disociarnos de las cosas que nos ocurren en cada momento.

La ira es una emoción que se genera en un estado asociado; pero para controlarla, comprenderla y mantener una conversación tienes que estar en un estado disociado. Déjame que te ponga un ejemplo; si aún no ves la diferencia, seguro que esto te lo va a terminar de aclarar:

Muchas veces, cuando termino uno de mis seminarios y la gente se acerca para hacerme alguna consulta, muchos me dicen:

–*Mi pareja tiene la costumbre de hacer tal o cual cosa, aun sabiendo que me molesta, y hace que me sienta muy enojado y muy cabreado con ella. ¿Qué puedo hacer?*

A lo que yo le pregunto:

–*¿Qué opinión te merece tu cabreo?*

Con esta pregunta, lo llevo automáticamente a un estado disociado. La reacción normal de esa persona es de sorpresa, y después de pensarlo un momento, me responde:

–*La verdad es que estoy decepcionado.*

Este es un estado emocional de menor intensidad, esa emoción de la rabia ha quedado modificada inmediatamente. Este proceso de disociación reduce las emociones y te ofrece la posibilidad de evaluar aquello que deseas desde una perspectiva más distante.

Cuando estás asociado, ves el mundo a través de tus propios ojos y tu expresión está muy vinculada a la emoción "me siento destrozado". Pero al estar disociado, tienes opciones de perspectivas diferentes.

Siempre que tengas un problema, un inconveniente, algo que resolver, que meditar, haz la siguiente experiencia:

Visualízate a ti mismo desde fuera. Obsérvate desde arriba, desde un rincón, desde atrás, hazlo como mejor puedas, pero visualízalo.

Y cuando lo hayas conseguido, háblate, comenta, analiza, piensa, como si tú fueses otra persona, da tu opinión de lo que ves. Tú eres el protagonista de tu propia obra, siempre has sido el actor principal.

Pero ahora, intenta lo siguiente: sal de ese escenario y siéntate en una butaca. Conviértete en espectador. Observa desde esa perspectiva tu vida, analízala, evalúa las acciones de la obra, del protagonista, reflexiona sobre ellas.

¿Qué opinión te merecen?, ¿crees que el protagonista es merecedor de una ovación?

Ese punto de vista diferente te dará una versión distinta de la situación. Si eres capaz de verte a ti mismo como te vería otra persona, con distancia, entonces podrás reflexionar más sobre tu propio yo y conocerte mejor.

Tú eres quien debes decidir:
- Si aplicas el proceso de asociación, te involucras más.
- Si deseas fortalecer tus **emociones positivas,** asóciate.

Pero, si lo que buscas es calmar, apaciguar tus emociones negativas y deseas alejarte, estar más distanciado, bajar tu nivel de implicación emocional, entonces disóciate.

No basta con sembrar: la semilla hay que cuidarla para que crezca.

Preparar la siembra y seleccionar cuidadosamente tus semillas es solo el primer paso para que empieces a ver los frutos del cambio en tu vida.

Tú puedes elegir la semilla, pero de ti depende si crece o no. Dependiendo de cómo la cuides, así será tu recolección.

Tan importante es saber elegir la semilla correcta como alimentarla después.

No todos los pensamientos tienen la suficiente fortaleza para soportar grandes tempestades o tiempos de sequía; va a depender de con qué los alimentes.

Tus pensamientos positivos elaborarán una buena semilla, pero ahora tienes que fortalecerla para que sea duradera, consistente, estable.

Trabaja en ti mismo, dedica tiempo para ti, engrandece tu capital emocional para que te dé fuerza y vitalidad.

Dedícate a tu siembra, pues tus beneficios serán el resultado de tus ingresos.

Aliméntate de lecturas que enriquezcan tu ser. Conversa con personas que siembren lo mismo que tú.

Reflexiona sobre tus acciones y descubre el porqué de tus equivocaciones.

Evalúa si tus pensamientos y acciones son los correctos. Tus pensamientos, con estas acciones, se fortalecerán.

Actuar con prisas, queriendo abarcar más actividades de las que puedes hacer, genera un estado de ansiedad que no le viene nada bien a tu semilla.

Cuida tu siembra, hazlo con dedicación; no te precipites, dale tiempo de maduración. Si has sembrado un buen pensamiento positivo, tarde o temprano germinará.

Fertiliza con amor

Pero ¿por qué pasamos por momentos de crisis?

Si te paras un momento y lo piensas detenidamente, te darás cuenta de que solo hay dos respuestas posibles: o no sembraste los pensamientos correctos, o tal vez sí lo hiciste; pero no los cuidaste debidamente, no les echaste el mejor fertilizante que puede haber: "el amor".

El amor es la herramienta más potente de la que disponemos, lo es todo. Cuando a tus pensamientos les pongas amor, estarás creando armonía en tu ser, tanta, que la paz que sentirás posiblemente la identifiques con la felicidad

Cuando piensas positivamente y haces algo con amor, no le dejas espacio a las emociones negativas.

El amor hace bajar las armas. Armas que hacen mucho daño, como la envidia, la ira, el rencor.

Sembrar amor no te garantiza una vida sin problemas, sin conflictos, pero sí una vida más plena en tu ser, generando madurez en tus pensamientos, dando lo mejor de ti sin esperar nada a cambio, y cuando eso te suceda, habrás ascendido un nivel más en tu vida, un nivel llamado "paz en tu alma".

Recuerda que en nuestra vida predominan las cosas que sembramos. Utiliza el amor. El

ingrediente esencial para una vida mejor es ponerle a tus pensamientos amor; te hará sentirte
pleno.

Brilla con luz propia

Cuando tenemos problemas, todo lo vemos
más oscuro. Cuando quieres estar mejor buscas la luz, porque un punto de luz en la oscuridad es lo que todos buscamos cuando estamos
atravesando un mal momento.

Cuando ejercitas la mente de forma que todos tus pensamientos se transforman en positivos, llevas contigo constantemente una luz
que empezará a iluminar todo lo que suceda a
tu alrededor. Aunque venga algo o alguien con
su oscuridad, tú resplandecerás.

Adaptarte a pensar positivamente en todos los
procesos y fases de tu vida, esto te transformará
en una persona que brillará con luz propia.

Cada vez que nos enfrentamos a nuestras
adversidades y aprendemos de ellas, los errores
se convierten en grandes lecciones y en puen-
tes hacia nuestro autoconocimiento y nuestro

ser interior. Esa luz que llevamos dentro, nos puede dar la paz y la armonía.

Con cada pensamiento positivo que siembres en tu vida y alimentes con amor, más crecerá tu luz.

Con cada pensamiento negativo que dejes que crezca en ti y alimentes con ira o con rabia, más oscura será tu vida.

Aliméntate con pensamientos positivos e iluminarás tu vida y todos los aspectos de ella, el hogar, el entorno, el trabajo, el amor...

Deja fluir tu propia luz. Esa será la luz de muchos otros: la luz de tus hijos, de tu familia, de tu pareja, de tu entorno.

Hacen falta guías, personas con luz propia que ayuden a aquellos que todavía no han hecho un cambio. Y tú puedes ser uno de ellos.

Haz que te conozcan por tus buenos pensamientos, por tus maravillosas acciones, por el amor que le pones a las cosas, por la luz que ilumina a los demás.

Empieza iluminando tu casa, tu hogar, tu entorno. Intenta propagar en los demás cosas maravillosas. Lo que esparces en tu familia, en tu trabajo, en tu vida, hazlo con amor y dedicación. Lo que ellos te devuelven siempre será más grande que lo que tú les entregaste.

Imagínate que tienes un hijo y está jugando con el balón dentro de casa, de repente se le escapa y rompe un jarrón, no siembres una semilla negativa en él diciéndole: "¿Qué haces jugando aquí?", "¡deja de jugar dentro de casa!", "¿es que no has visto lo que ha pasado?"

Hay otra forma de hacerlo que cambiará la forma de pensar y la semilla que habrás echado: "Hijo, cada día eres más hábil con el balón. Hemos de buscar un lugar mejor para jugar". "Mi vida, qué feliz soy de verte disfrutar con la pelota, pero este espacio es demasiado pequeño, y puedes darle sin querer a algo y romperlo, ¿qué te parece si bajamos a jugar al parque?".

La diferencia entre una y otra actitud es como comparar la oscuridad con la luz.

Con esta otra actitud, habrás sembrado amor, obediencia, cariño, comprensión... Sentirás cómo crece "tu semilla", porque lo que dijiste fue con amor.

La cosecha de una mala siembra

Ahora sí, ya hemos comentado qué cambios positivos podemos hacer si sembramos lo correcto, pero... ¿y si estamos sembrando semillas negativas?

Una mala siembra puede provocar grandes destrozos en nuestra vida. Para llegar a un conocimiento profundo del mal que pueden provocar los pensamientos negativos, ahora te expondré varios casos:

1. Una fobia es un miedo irracional hacia algo, podemos ver cómo personas salen corriendo porque le tiene un miedo aterrador a lo que sea (gallinas, abejas, cucarachas, perros, etc.)

Pero las personas que padecen esa fobia no entienden lo absurdo de ese miedo.

El que la sufre, siente que ese miedo es real, por lo tanto, el resumen del primer caso sería:

"Si tú lo crees, es que es cierto".

2. Imagina la siguiente situación:

Una madre entra a al cine.

En una de las escenas de la película, se ve a un niño jugando y de pronto se acerca un perro. Este tiene la rabia. Le enseña los dientes ferozmente al niño, le muerde y le destroza una pierna.

La madre queda impactada por el realismo de la escena, por la calidad de los efectos especiales, y hace que esta persona se asocie, que viva la escena, que sienta ese terror y piense *¡qué dientes!, ¡qué miedo!, ¡pobre niño!* En todo momento, el niño que se mostraba en la película le recordaba a su propio hijo de seis años.

En resumidas cuentas, la película impacta tanto en la mujer que le provoca una serie de emociones, pero para tener esas emociones hay que pensar. El resultado es que la semilla que le queda a la madre es: "Un perro rabioso es un peligro y puede matar a un niño".

Esa semilla puede crecer o no, depende de si tú la alimentas.

Pues bien, supongamos que meses después, esa misma madre está conversando con una amiga, y observa que su hijo está jugando con un perro de la misma raza que el de la película; mientras juegan el perro ladra contento porque está jugando. La madre inmediatamente se asusta y sale corriendo para llevarse a su hijo lejos del perro, pensando que va a ocurrir lo mismo que en la película.

Es decir, la madre **asocia, inconscientemente**, la situación actual con aquella película que vio. Ese miedo que ha sentido le ha provocado una grave reacción física.

Sin saberlo alimentó la semilla, pero reinterpretándolo, pues este perro no tenía rabia y posiblemente no iba a morder al pequeño, pero todo era tan parecido, que pensó que iba a atacar.

Algunas semanas más tarde, en la calle, ve cómo dos perros se pelean y se muerden entre ellos. La madre, asustada, decide alejarse, pero uno de los perros se dirige hacia ella. Su ansiedad, su miedo, la hace gritar y pensar que lo peor está por venir.

Nuevamente acaba de alimentar esa semilla.

Y de tanto alimentarla, terminará por generarse un ataque de pánico, que le provocará un trastorno de ansiedad, o una fobia social.

Cuando esto se desencadena es porque algunas rutas del sistema de comunicación del cerebro son afectadas.

Romper las rutas de ansiedad antes de que se produzca e influir en cómo uno se siente reconociendo los síntomas, conduce a tener un punto de vista más realista de la situación.

Regresemos al momento de la madre y su hijo.

Si sigue por ese camino, alimentando esa semilla, en breve tendrá miedo a dejarlo salir solo y, sin saberlo, estará sembrando una semilla negativa en su hijo, y si este también la alimenta, acabará padeciendo miedo e inseguridad. A largo plazo, le va a obstaculizar en un futuro su seguridad, armonía y su actitud emocional.

Tú eres el que alimentas el pensamiento y la ansiedad y los miedos que tienes generados por anteriores pensamientos negativos que influyen en tu bienestar emocional.

Por lo tanto, el resultado del paso 2 es: **"Todo lo que ocurre en tu interior es porque así lo aceptas".**

¿Cómo aplico estos dos resultados en mi vida?

En el siguiente capítulo vamos a ver los pasos a seguir para alcanzar una plenitud con los pensamientos.

Si quieres, puedes... tú decides.

9
SI QUIERES, PUEDES

Cuando buscamos el cambio, cuando buscamos que algo distinto ocurra en nuestra vida, siempre es porque queremos algo mejor.

Todos tenemos algún objetivo que alcanzar y por el que luchar. Sin embargo, en algunas ocasiones, abandonamos nuestros objetivos, ya sea por las adversidades que se nos presentan o, la mayoría de las veces, porque el día a día no nos permite dedicarle tiempo a nuestros sueños.

Conocí a una persona a quien no le gustaba nada su trabajo. Tenía un sueño, un objetivo: quería dedicarse a recomendar vinos, adoraba ese mundo y pensó que quería instalar una tienda de vinos selectos, donde poder tener un poco de degustación y así maridar también con embutidos y quesos. Soñaba mucho con ello, pero nunca hacía nada por conseguirlo.

De vez en cuando parecía que padecía enfermedades que le impedían ir a trabajar, aunque el médico, realmente, no le encontraba nada.

Así pasó años, sin dar ningún paso, quejándose de su situación actual pero sin ir a por su objetivo. En este caso lo que le frenaba eran sus propios miedos al cambio, a salir de su zona de confort. Se quedó solo con la ilusión, jamás dio el paso.

Pero aquel que sigue en el frente, aquel que a pesar de todas las complicaciones no abandona, tiene mayor facilidad de lograr su propósito, porque se ha mantenido firme a sus compromisos.

El optimista, el luchador, el emprendedor, tiene algo claro: *Nada es imposible*.

Siempre se puede. Lo único que hemos de hacer es no rendirnos, ser perseverantes.

Si quieres que tu vida cambie, tienes que intentarlo de verdad. Si haces constantemente lo mismo obtendrás constantemente lo mismo. La respuesta es bastante sencilla: siempre se puede estar mejor.

Nuestra decisión es y debe ser estar dispuestos a dar ese paso.

Siempre se puede dar más amor, ser más comprensivo y ser más tolerante con tu entorno.

Entregar de ti todo aquello que te gustaría recibir es el punto de partida para aprender a amar incondicionalmente.

Les invito a pensar por un momento: ¿cuánta gente, conocida o no, rehusó a darse por vencida y decidió emprender una lucha contra la derrota?

¿Cuántas personas en la historia de la humanidad han tenido una deficiencia y tuvieron la valentía para sobreponerse a sus limitaciones?

No nos damos cuenta de que todos tenemos nuestras carencias, ya sean físicas o emocionales. Si no fuese así, seríamos perfectos. Una amiga siempre me decía: "Soy perfectamente imperfecta".

Pero ¿cómo lo consiguieron?

Sus pensamientos **no se basaban en sus carencias y limitaciones**. Sus pensamientos **se apoyaban en sus fortalezas**. Un hombre llega a la miseria cuando cree que su destino es indebidamente impuesto.

Siempre se puede... tener una vida mejor.

Al aspecto de tu cara no puedes hacer nada, porque esa es la que te ha tocado, pero sí puedes trabajar tu expresividad.

Sonríe y ayuda a tus pensamientos.

Siempre puedes dar un poco más de alegría a tus rasgos, sonríe, verás cómo se iluminan tus ojos.

Cara alegre, pensamientos alegres.

Ganarle a la duda y al miedo es ganarle al fracaso. En realidad, piensa que el miedo no existe, es una creación de nuestra mente. Pero búscalo físicamente... no existe.

Siempre se puede... El resultado dependerá de tus pensamientos y de tu actitud, que será de la misma esencia y peso que tu propio pensamiento.

Cuántas veces hemos dicho frases como:

¡Qué suerte tiene!
¡Es increíble el dinero que gana!
¡Hay gente que nace con estrella!

Pero la verdad es que vemos el resultado pero no vemos las veces que fracasaron o se rindieron, o las ocasiones que recayeron o que tuvieron que enfrentar para alcanzar la suficiente experiencia para ser exitosos.

Siempre se puede... no lo olvides, de ti depende, si inviertes ganas, tiempo, ilusión, y si eres perseverante... puedes.

Vuélvete inconscientemente capaz

Pensar en hacer un cambio ya es algo tedioso, pesado, preocupante para mucha gente.

Pero cuando lo hacemos, nuestro entorno y nuestra persona se iluminan y eso es lo que transmiten.

Una vez que dispongamos de esos buenos pensamientos y la actitud correcta, solo nos falta convertirlo en algo cotidiano, en una actitud constante. Hacer que algo sea rutina es una cuestión de practicar hasta que tu mente lo establece como parte de ella.

Entonces hagamos que todo cambio se convierta en ese hábito. Para conseguirlo hay que pasar por estos tres pasos o etapas:

Primera etapa: conscientemente incapaz

Imagina que tienes 17 años, y nunca has conducido un coche. Eres consciente de que existe esa acción, y que hay mucha gente que lo hace, pero de momento no puedes realizarla porque no has aprendido. Es decir, eres consciente de tu incapacidad: sabes que no sabes conducir, y no hay ninguna duda sobre ello.

Segunda etapa: conscientemente capaz

Ahora tienes 20 años. Después de haber hecho las prácticas y de haber superado el examen final, ya tienes el carné de conducir.

Te concentras en las señales, en la aceleración y la frenada, en los cambios de velocidad, tratas de hacerlo lo mejor posible. Por lo tanto, ahora eres consciente de tu nueva capacidad.

Tercera etapa: inconscientemente capaz

Ahora tienes, por ejemplo, 23 años; ya tienes tres años de experiencia como conductor.

Ya no necesitas estar pendiente de la aceleración, la frenada, las revoluciones, el cambio de marcha... es algo que haces mecánicamente, sin pensar. No necesitas poner tus cinco sentidos para hacerlo, por lo que puedes hacer otras cosas mientras conduces: puedes hablar, poner música y varias cosas más (aunque no sean recomendables). Eres inconscientemente capaz.

Has pasado por estas tres etapas y has convertido en un hábito, una costumbre, algo que no dominabas.

Con este ejemplo quiero decir que si tienes la actitud y le dedicas tiempo a todo aquello que emprendas, puede convertirse en tu estilo de vida, en tu forma de vivir.

Una vez más

Qué bueno sería dominar nuestros pensamientos negativos, aquello que nos perturba, que nos altera, aquello que no deseamos pero que se siembra en nuestro interior.

Tenemos, para estos casos, una herramienta que funciona muy bien y que todos hemos utilizado en alguna ocasión pero no le hemos puesto mucha atención...

Imagina que una madre va de compras con su hijo de 7 años. Después de dos horas recorriendo los distintos pasillos del supermercado, por fin llega a la cola para pagar.

Su hijo está muy cansado y se siente algo agobiado.

De repente su madre se encuentra, en la misma fila, a una gran amiga a la que no ve desde años atrás. Se saludan emocionadas, y comienzan a intercambiar recuerdos, risas.

El niño observa la situación. Está cansado de esperar, y aprovechando esa felicidad de su madre por el reencuentro, le da unos golpecitos en la cintura diciéndole:

–¡*Mamá, cómprame estos chocolates*!

Ella responde:

–*Ahora no, hijo,* ya nos vamos.

Y sigue conversando con su amiga, están poniéndose al día de todo lo que han hecho desde la última vez que se vieron: que si bodas, que si hijos, traslados... Mientras tanto, el niño se está aburriendo y de nuevo intenta llamar la atención de su madre con esos toques mientras dice:

–*¡Mamá, cómpramelos!*

–*Ya nos vamos, mi amor* –contesta la madre.

A los pocos minutos, el niño regresa al ataque:

–*¡Mamá, cómpramelos*!

–*Ya nos vamos, mi vida* –vuelve a responder la madre.

Cada vez que ella reía, él veía el momento oportuno para decirle:

–*¡Mamá, cómpramelos!*

–*Ya nos vamos, mi vida*.

Y así una y otra vez:

–*¡Mamá, cómpramelos!*

–*¡Mamá, cómpramelos!*

–*¡Mamá, cómpramelos*!

Hasta que la madre, desesperada, le contesta:

–*Sí, hijo, toma*.

El niño consiguió su objetivo con la técnica más sencilla, pero más impactante, que puede cambiar cualquier resultado: **"UNA VEZ MÁS"**.

¿Quién de los dos ganó? Muy sencillo: aquel que insistió una vez más.

Voy a ilustrarlo con otro ejemplo más.

Imagina que hay un combate de boxeo, pero en el que han cambiado las reglas: cada boxeador dará, por turno, un golpe directo a la cara de su contrincante, y el otro ha de quedarse quieto para encajarlo. Aquel que caiga a la lona y no se levante, perderá.

Empieza el combate y el boxeador A golpea muy fuerte y el B cae al suelo, pero se levanta. Ahora golpea el B, y el A cae al suelo, y también se levanta.

Le toca de nuevo al boxeador A, que hace caer rotundamente al B, que se levanta, pero con dificultad. El boxeador B vuelve a propinarle un rotundo derechazo al boxeador A, que cae como fulminado, pero que aun así vuelve a ponerse en pie.

Evidentemente, el boxeo perdería mucho como deporte con estas reglas, pero déjame hacerte una pregunta. ¿Cuál crees que ganará de los dos?

Sin duda alguna, aquel que se levante **una vez más** que el otro.

Exactamente así es como funciona el ser humano y su forma de pensar.

Aplica la técnica para combatir tus pensamientos negativos **una vez más**.

Todos tenemos muchos pensamientos negativos rondando en nuestra cabeza.

Hay que eliminarlos, y la mejor manera es añadir **una vez más** un pensamiento positivo.

Gánale al pensamiento negativo como el niño le gana a su madre.

Si tus circunstancias no son como tú deseas, ¡cámbialas! ¡Una vez más! Añádele ese pensamiento positivo y ponlo en práctica.

Vemos a otras personas que luchan y no se dejan vencer porque **una vez más** el pensamiento positivo se sobrepone a la derrota, al obstáculo.

Cambia tu interior con pensamientos positivos y verás cambiar tu mundo exterior.

Siembra **una vez más** pensamientos positivos, hazlo hasta que te conviertas en inconscientemente capaz. Cuando eso ocurra, será un hábito, una costumbre, una forma de vida.

CONCLUSIONES

Recuerda: siempre se puede.

Todo comienza con una idea, un pensamiento.

Piensa en positivo.

Según sean tus pensamientos, así será tu visión, tus ideales, tu forma de ver la vida.

Los pensamientos positivos le darán tranquilidad a tu mente, que es uno de los ingredientes que te llevarán a la sabiduría.

Mantén firme el timón de tu mente y de tus pensamientos positivos y verás con mayor claridad el resultado del conocimiento.

Tu Ser dará más luz, déjala que fluya.

Tu familia, tus amigos, tu entorno. Todos necesitamos luz, luz que nos guíe, que nos alimente, que nos dirija, que nos tranquilice.

Respira profundamente una y otra vez.

Siempre se puede estar igual…, es fácil; sigue haciendo lo mismo.

Siempre se puede estar peor…, dejando de amar, entender y hacer cosas.

Siempre se puede estar mejor…, pensando positivamente, cultivándolo con amor. Actúa.

El camino lo decides tú.

Tú tienes el libre albedrío, tú eliges.

Pero elijas lo que elijas, recuerda que:

"SIEMPRE SE PUEDE".

ÍNDICE

Notas:

Notas:

Notas:

Notas:

Notas:

Notas:

Notas: